Doris Knecht

DARF'S SONST NOCH WAS SEIN?

Mehr Geschichten vom Leben unter Kindern

GEGRÜNDET
1999

Doris Knecht

DARF'S SONST NOCH WAS SEIN?

Mehr Geschichten vom Leben unter Kindern

Czernin Verlag, Wien

Knecht, Doris: Darf's sonst noch was sein? – Mehr Geschichten
vom Leben unter Kindern / Doris Knecht
Wien: Czernin Verlag 2010
ISBN: 978-3-7076-0329-3

Umschlagfoto: Ingo Pertramer
Druck: Druckerei Theiss, A-9431 St. Stefan
ISBN: 978-3-7076-0329-3

Irgendjemand muss sich darum kümmern

Wieder Stadt. Und fängt ja gut an, denn die Pfeifen aus dem dritten Stock haben inzwischen den Aufzug ruiniert, fanden es aber unnedig, wegen so einer Kleinigkeit die Hausverwaltung zu informieren. Sechs mal sechs Stockwerke mit Gepäck: sehr gesund – vor allem nach einem Monat Bier, Brot, Speck, über offenem Feuer verbrannten Käsekrainern im Dutzend und seriellem Nudelessen. Das Landleben ist punktuell gesund: spitzenmäßiger Frischluftfaktor, aber ernährungsmedizinisch eher im bedenklichen Bereich. Das muss jetzt anders werden. Dafür gibt es zahlreiche Gründe, über die ich nicht sprechen möchte, plus sind die Mimis ab sofort Schulmimis.

Das Wochenende verbrachten wir damit, in der Stadt die letzten zwei verstaubten Schultüten aus einem Schaufenster heraus zu erobern, weil Schulantritt ohne Schultüte ist heutzutage undenkbar, und mit einer selber gebastelten Schultüte zu erscheinen gilt unter Schulbeginnern, wie mir die Mimis erklärten, während sich in ihren Augen Tränen der Enttäuschung zu Glühbirnengröße aufbliesen, eine Schmach, die in ihrer zarten Kinderseele bis minimum Matura untilgbare Flecken hinterließe. Die Mimiseelenunversehrtheit kostet mich Euro 25,80, die Füllung der Monsterstanitzeln nicht eingerechnet, aber mit mir kann man's ja machen. Danach pickten wir stundenlang winzige Etiketten mit den Namen der Mimis auf jeden einzelnen Blei-, Bunt-, Wachsmal- und Filzstift, das muss man heute, die Lehrerinnen haben's in ihren teilweise mehrseitigen Manuals, was für die erste Klasse zu besorgen sei, ausdrücklich befohlen.

Und, apropos Ernährung, wir testeten, wie das in gesunden Familien zu Schulbeginn gang und gäbe ist, gesunde Jausen, mit dem Ergebnis, dass die Mimis nun montags, mittwochs und freitags Salamivollkornbrote mit Gurkerl und dienstags und donnerstags Salamivollkornbrote mit Gurkerl schuljausnen werden. Mehr Diversifizierung ins Gesunde ist nicht drin, die anderen acht Probebeläge waren nämlich, so die Mimis, einem Schulkind absolut nicht zumutbar. Eventuell noch eine Traube und ein winziges Streiferl Karotte dazu, okay. Nein, den Thunfischaufstrich probier ich nicht, ich bin ja nicht lebensmüde. Nein, Avocado auch nicht. Käse?! Topfen mit frischen Kräutern?!? Spinnst du? Nein, koste ich sicher nicht. Nein, auch nicht, wenn ich dafür Schokolade bekomme. Nein, ich geh jetzt in mein Zimmer und heule dort so lange laut und elendiglich, bis mein guter Vater sich erbarmt, und mir die Schokolade auch ohne vorangehende Makrobiotikfolter verabreicht. Aber immerhin: Sie hätten auch das Gurkerl ablehnen können. Läuft doch super.

Hier drängen sich ein paar Fragen auf

Es fielen in der ersten Schulwoche Entscheidungen. Erstens wählte ein Mimi für den ersten Schultag ein blumengemustertes Frottee-Kleid, das die Hofingerin, 42, im Alter von fünf Jahren sehr, sehr oft getragen hat, weshalb es ihre Mutter sehr, sehr oft gewaschen hat. Auch das andere Mimi bediente sich in den frühen Neunzehnsiebzigern und entschied sich zum Schulantritt für ein schwarzes Leiberl mit dem Bildnis eines weltberühmten Drogentoten, von uns gegangen 1971 mit einer Überdosis Heroin. Die Horwathin hat ein bisschen geschaut. Zweitens entschied sich das eine Mimi dafür, am Religionsunterricht teilzunehmen, während das andere Mimi – Gott gibt's ja gar nicht, ist doch alles nur ein Märchen – zum Religiösen ein kritisches Verhältnis pflegt. Vor ein paar Wochen fand zu diesem Thema im Waldviertel zwischen dem Horwath und mir ein kleiner Disput statt, die Breußin beliebte, es einen „kolossalen Streit" zu nennen, aber Horwath und ich sehen das gelassener. Weil der Horwath sagt, bei einem korrekten Streit ginge ja die eine Seite auf die Argumente der anderen Seite ein, und ich sagte, ja, wenn es ein Argument ist, aber das war kein Argument, das du da vorgetragen hast, das war geistesgestört. Siehst du, sagt der Horwath. Es wäre jetzt zu kompliziert, die Sache zu erklären, aber der Horwath wählte ein außerordentlich drastisches Bild, um klarzumachen, wie er, der sonst mit dem kleinen Horwath einen derart liberalen Umgang pflegt, dass er selbst das Wort „Erziehung" engagiert ablehnt, nicht einmal im Traum daran denkt, sein Kind selbst entscheiden zu lassen, ob es in Religion will oder nicht. Religion und alles Religiöse lehnt der Horwath umfassend ab. Religion kommt für den Horwath und somit auch für den kleinen Horwath nicht in Frage, und das, obwohl sich der kleine Horwath in erheblichem Maß für Religion interessiert. Was freilich wiederum damit zu tun haben könnte, dass der Horwath das Badezimmer seines Landhauses mit dutzenden alten Bildern von nicht durchwegs glücklich dreinschauenden Heiligen quasi zutapeziert hat. Und während ein Kind am Klo sitzt und auf diese Heiligen blickt und die Heiligen auf es, drängen sich dem Kind natürlich ein paar Fragen auf. Die der Horwath aber auf keinen Fall von einer Religionslehrerin beantwortet wissen will.

Drittens entschied sich das eine Mimi dann doch gegen die Religion; und zwar ganz ohne mein Zutun. Aber das ist mir, marantjosef, eher sehr recht.

Es gibt jetzt auch Kurze

Wie uns der Fink am Land besuchte und doch kein Haus kaufte, trug er ein pakistanisches Nationalgewand: weiße Pluderhose, knielanges weißes Hemd, dazu Bregenzerwälder Kuhfell-Hölzler und eine Siebzigerjahre-Pilotenbrille. Er klapperte einmal quer durchs Dorf und wieder zurück, und jetzt großes Aha. Aha, die gehören also zu einer Sekte! Die ganze Partie, die Horwaths, der Polz und seine Freundin, und die neuen da, alle Sektenheinis! Haben wir gleich gedacht, dass mit denen etwas nicht hui ist.

Dabei sind wir bestenfalls eine Art WG auf ein paar Tausend statt 200 Quadratmetern wie früher; und jetzt halt eine WG mit den Mitteln einer Wochenendagrargemeinschaft: Früher haben wir mit illegalen Lustigmachern experimentiert, jetzt experimentieren wir mit Honigschleudern und Saftpressen. Plus, es gibt jetzt auch Kurze, die gab es früher auch nicht, weil früher hätte keine Mutter mit einem Alzerl Verantwortungsbewusstsein einen Minderjährigen in unsere Nähe gelassen und wir keinen Minderjährigen in die Nähe unserer Gitarren-, Platten-, Highheels-, Wasserpfeifen- und Tätowiernadelsammlungen. Wenn du das angreifst, Kleiner, bist du erledigt. Wie Leute wie wir an eine Erziehungsberechtigung kommen, kann ich mir bis heute nicht genau erklären, aber am Wochenende saßen 13 Kinder unter der Laube vom Horwath, aßen Nudeln mit Bambisoße und ließen sich von uns belügen. Das war ein irre altes Reh, eine Rehgreisenurli! Die hatte ein urlustiges Leben mit ihren Kindern, Enkeln und Urenkeln und ist dann von selber im Wald tot umgefallen! Das glaubt dir normal nicht einmal ein Zweijähriger, aber je hungriger das Kind, desto empfänglicher ist es für Lügen, selbst wenn sie so miserabel sind wie die. Und ich bin der Meinung, dass manche Wahrheiten noch warten können – beziehungsweise: Sie wissen's in Wirklichkeit eh. Und sie finden es selber entlastend, dass sie noch so tun dürfen, als wüssten sie es nicht.

Wie beim Christkind; wenngleich meine Idee, ihnen heuer in aller Umsicht die Wahrheit zu sagen, von der Realität bösartig hintertrieben wurde. Denn vorgestern in der Früh wurde uns auf nüchternen Magen mitgeteilt, man wisse übrigens, wer das Christkind sei: IHR! Öh, aso, naja, hm, stimmt; seid ihr jetzt traumatisiert? Waren sie aber nicht. Scheint ihr Weltbild nicht zu ruinieren. Hätte man wohl schon früher machen können, wollte man auch, aber andere Eltern baten einen händeringend, derlei zu unterlassen, weil was eins weiß, wissen alle. Also, wenn es jetzt dann alle wissen: Ich kann nichts dafür, von mir haben sie es nicht. Ich schwör's.

Was jetzt auch alle wissen, also im Dorf: dass diese Wiener, die das Dings-Haus gekauft haben, die von der Sekte, an Sonntagen noch zu Mittag vollzählig in fleckigen Pyjamas anzutreffen sind (Bitte, die Pumpe hat nicht funktioniert! Wir hatten kein Wasser!), vor Bergen von dreckigem Geschirr: Der örtliche ÖVP-Mann, der mit einem pröllvollen Papiersackerl unvermittelt in unserer Küche stand, wird schon berichtet haben. Na, ich sag's euch, mit denen ist etwas nicht hui.

Verbieten bringt doch nichts

Zwei Wochen lang fanden die Kinder die Schule supsi: neu, spannend, interessant, uraufregend. In der dritten wurde ihnen klar, dass das jetzt immer so sein wird. Immer so früh aufstehen, immer rechtzeitig da sein, immer vier oder fünf Stunden Unterricht und danach immer Hausaufgaben. Das ist jetzt ein Schock für sie. Macht sie muffig, patzig, aggressiv und wenn man einmal die Stimme auch nur ein halben Millimeter erhebt, fangen sie hysterisch an zu heulen, aber so hysterisch. Dabei sind sie Lautstärke gewohnt, bei uns sind alle laut, aber jetzt muss man als Erziehungsberechtigte ganz leise sein. Ganz sanft. Meine Mutter sagt, das schadet nichts, das senkt euren Gebrüllpegel endlich ein bisschen. Dass ich vom Hinunterschlucken von dringlich veräußerungswürdigem Hochdruckgekeppel wahrscheinlich ein Magengeschwür kriege, ist ihr wurscht. Und die Mimis geben mir zu Gekeppel vielerlei Anlass: Ess ich nicht, trink ich nicht, mach ich nicht, will ich nicht, zieh ich nicht an, räum ich nicht auf. Nein, nein, nein, nein – wenn man überhaupt eine Antwort kriegt. Eine der Mimis hieß mich gestern dumme Kuh, das hätte sie früher nie gemacht, ich bin bitte ihr Idol, und ich habe sie, wie ich es von einer TV-Debatte habe, hypnotisch angeflüstert: Wenn ich das noch einmal höre, gibt's kein kein kein … kein irgendwas, du wirst es jedenfalls bitterlich bereuen, ja. Die Schule macht uns fertig. Führt dazu, dass ich mir Sanktionen ausdenken muss. Aber wie sanktionierst du Kinder, die sowieso nicht computerspielen dürfen.

Computer, by the way, Abt. Gameboy: Es gibt im Hort einmal im Monat einen Gameboytag, da dürfen alle, die einen haben, ihren Gameboy mitbringen, und alle, die keinen haben, wollen am Abend auch einen. Ich habe beim Elternabend gesagt, wenn ich einmal etwas sagen darf, ich bin unheimlich dagegen. Alle anderen schauten nicht mal hoch, nächster Punkt. Ich sagte noch einmal, ich bin übrigens strikt gegen den Gameboytag, und da erbarmte man sich meiner und erklärte mir in mitleidigem Ton, wie wichtig es sei, die Kinder einen vernünftigen Umgang mit modernen Massenmedien zu lehren. Gehöre nun mal zum Alltag; verbieten bringe nichts. Verbieten bringt wohl was, ich verbiete seit Jahren mit großem und anhaltendem Erfolg und beabsichtige nicht, mein Konzept zu ändern, was durch den Gameboytag allerdings massiv verkompliziert wird. Im Gegenzug werde ich beim nächsten Elternabend vorschlagen, auch einen monatlichen Drogenprobiertag einzuführen, an dem die Kinder ihre Zigaretten und Alkopops mit in den Hort bringen dürfen, was ich circa gleich schädlich finde wie Computerspielen. Und sie kommen ja eh früher oder später in Kontakt damit, besser man lehrt sie rechtzeitig einen vernünftigen Umgang mit dem Zeug. Verbieten bringt doch nichts.

Und Sie brauchen jetzt gar nicht zu sagen, dass die Kinder ihren Hang zum Hysterischen schon irgendwo herhaben ... Ich habe schon eine Mutter, die mir revanchistische Referate hält, herzlichen Dank.

Andere wären einfach mit dem Schaufelbagger rein

Dafür finde ich es im Gegensatz zu praktisch allen anderen Eltern fantastisch, dass die Schule schon um acht anfängt. Es bedeutet, dass der Lange, der in der Früh dafür zuständig ist, Kaffee und Kakao ans Bett zu liefern, sich zu duschen, sich anzuziehen und drei Mal wöchentlich die Kinder zur Schule zu bringen (ich mache den winzigen Rest) jetzt nicht mehr bis um neun in Unterhosen durch die Wohnung hoppelt: da in einem Buch blättert, hier eine Zeitschrift aufschlägt und dort einen Song herunterlädt, während die Kinder angezogen und schwitzend an der Wohnungstür warten und schlechte Laune kriegen. Jetzt nicht mehr. Jetzt sind sie um halb acht aus dem Haus, und Mutter widmet sich in aller Ruhe der Ruhe.

Wie ich letztes Mal bis drei Uhr früh im rhiz aufgelegt habe und die Young Gods waren da, durfte ich ausschlafen. Die Kinder gingen ohne Frühstück, ohne Regenjacke und ohne Frisur in die Schule, und ich erbaute mich später sehr an des Langen Gestöhn, wie wahnsinnig anstrengend das denn alles sei, was da in der Früh zu erledigen anstünde. Ach wirklich. Dieses Erledigen bringt mich nämlich täglich an den Rand meiner Möglichkeiten, und wenn die Kinder abends um acht im Bett sind, will ich auch ins Bett. Nein, eigentlich will ich schon um halb zwölf wieder ins Bett.

Halb zwölf ist ungefähr die Zeit, zu der Haemmerli an normalen Tagen in Zürich aufsteht, und wenn ich abends bereits mit meinen Augendeckeln kämpfe, ist er gerade schön warmgelaufen und würde jetzt gerne telefonieren. Haemmerli und ich leben in verschiedenen Zeitzonen, dabei müssen gerade jetzt akut Sachen besprochen werden. Essen verabredet. Adressen ausgetauscht. Denn Haemmerlis Dokumentar-Film über seine Messie-Mutter hat Wien-Premiere. Der Film heißt

„Sieben Mulden und eine Leiche", die Schweizer kennen ihn schon, die Deutschen kennen ihn auch schon, denn Haemmerli war bei Kerner, eine offenbar semilässige Erfahrung, weil Kerner wollte wohl immer nur über die grausigste Stelle in dem Film reden. Dabei ist der Film, in dem Haemmerli zeigt, wie er mit seinem Bruder die Wohnung der verstorbenen Messie-Mutter aufräumt, die darin durch einen Treppensturz zu Tode gekommen und dann leider ein paar Tage lang auf der Bodenheizung lag, eigentlich überraschend heiter. Und wirklich gut, ich habe ihn schon bei der Zürcher Premiere gesehen. Haemmerli sagte, das Kerner-Publikum habe ihn für herzlos gehalten, aber herzlos ist Haemmerli nicht: Die Akribie, mit der er die Lebensgeschichte seiner Mutter aus dem Material zusammenpuzzelt, das er in dieser unfassbaren Müllhalde fand, in der sie lebte, zeigt eine Zuneigung, die man einer Mutter, die einen mit zehn ins Internat steckte, nicht zwingend entgegenbringen müsste. Andere wären einfach mit dem Schaufelbagger rein, man hätts verstanden. Haemmerli hat einen Film gemacht, der ist extrem sehenswert. Gut, ein bisschen grausig auch, stimmt.

Schön sprechen, Kleiner!

Permanent muss man aufpassen, dass die Kinder nicht mit irgendwelchen völlig degenerierenden Medien und Medienprodukten in Kontakt kommen: Es ist total nervig. Am Samstag am Land schaffen wir es endlich, einen Tisch in einem der Handvoll akzeptablen Gasthäuser im Waldviertel zu bekommen; gemeinsam mit den Polzes und den Horwaths und den Hofingers, die auf Besuch sind, und wir müssen nicht einmal die Kinder mitnehmen, weil der Nachbarsvierzehnjährige hat sich zum Babysitten überreden lassen. Vierzehnjährige brauchen ja immer Geld. Leider beginnt der Abend suboptimal; denn der kleine Horwath ist ein liebes, nettes Kind, solange er seinen Willen bekommt. Wenn nicht, nicht. Zum Beispiel ist es nicht der Wille des kleinen Horwath, dass während der Eltern-Abwesenheit „Bullerbü" geschaut wird, weil er der Ansicht ist, „Bullerbü" sei etwas für Babys und kleine Mädchen; der kleine Horwath ist härteren Stoff gewohnt. Und der kleine Horwath ist gewohnt, dass geschieht, was er bestimmt, bloß steht es diesmal drei zu eins für „Bullerbü". Der kleine Horwath hat eine sehr niedrige Frustrationstoleranz: Ich muss erst einmal in die Knie gehen und ihm mit großer Eindringlichkeit klarmachen, dass er zu mir sicher nicht „Blödmann" sagt. (Früher, als der kleine Horwath drei oder vier war, bebrüllte er den jeweiligen Diskursgegner als Seistwodl: Schön sprechen, Kleiner, das heißt Scheißtrottel, und das sagst du auch nicht zu mir.) Es ist aber unwahrscheinlich, dass er mich hört, weil er gerade sehr viel Blut im Kopf hat, das rauscht in den Ohren, und die Mimis fangen auch noch an zu weinen, weil das Gederwische und Gekreisch des kleinen Horwath sie erschreckt.

Deshalb auch „Bullerbü“; die Mimis haben eine sehr niedrige Gewaltaffirmationstoleranz, medial und real, und als sie im Sommer einmal, eh gegen meine Überzeugung, „Harry Potter“ geschaut haben, weil die Mosers gesagt haben, das wäre ein total harmloser Babyfilm, den auch ihre dreijährige Tochter schon schaut, brachen sie danach spontan in Tränen aus und hatten nächtelang Albträume. Und ich verstehe das überhaupt nicht und werde das nie verstehen, warum aufgeklärte Eltern ihre kleinen Kinder bewusst solchen Bildern voller Bedrohung und Gewalt und Angst aussetzen. Ich bin ein großer Fan der netten Harmlosigkeiten von „Bullerbü“, und beabsichtige, es zu bleiben.

Ein paar Drohungen der Horwathin später ist auch der kleine Horwath „Bullerbü“-Fan, der Nachbarsbub hat die DVD und vier Telefonnummern schon in der Hand und ist über Allfälligkeiten instruiert. Wie wir drei Stunden später heimkommen, sitzen alle Kinder um des Nachbarsbuben Laptop (der vorher noch nicht da war), und als ich das Zimmer betrete, sagt der kleine Horwath gerade zum Nachbarsbub: „Kannst du den noch schnell töten?“ Nein, kann er nicht. Weil jetzt ist erst einmal er dran.

So war das nicht ausgemacht

Sedlacek macht mich in seinen Mails zur Sau, es ist kein Spaß mehr. Nicht, dass Spaß eine Kategorie wäre. Spaß ist etwas für Anfänger, für Großraumdiskobesucher. Wir Postspaßgesellschafter haben schon lange keinen Spaß im Sinne von Spaß mehr, wir packen höchstens den Moment, wir spüren uns höchstens, wir lassen uns höchstens einmal so richtig gehen; mit großer Ernsthaftigkeit und Hingabe und Respekt für den Kater danach. Großer Exzess, großer Kater, großer Schmerz. Ehrliche katholische Büßerei; dem ein nahezu ritueller Zwang zu neuerlichem Exzess, Kater, Schmerz immanent ist. Entsagung aus Vernunft, abwaschbarer Spaß ist etwas für Protestanten und andere Schweizer. Ich: Ich spaße nicht. Also, nicht, dass ich allzu häufig nicht spaßte; eine Selbstmörderin bin ich auch wieder nicht. Außerdem, zugegeben, das Problem von so einem ausgewachsenen Kater ist, dass er vielleicht ganz gut im Kreise derer kommt, mit denen man ihn großgezogen hat, und die sind für gewöhnlich andernfrühs um 06.15 Uhr nicht anwesend; plus man muss zwischen neun und elf zum Buchstabentag in eine der Mimi-Klassen, um dort mit Erstklässlern zu lesen und als Buchstabenimpersonator kläglich zu versagen. Verdammt, das hatte ich vergessen. Mehr Kaffee. Und wo verdammich sind die scharfen Kaugummi.

Er ist wütend auf mich, Sedlacek, er hat mir ein langes, betrunkenes Mail aus Moskau geschickt, das war so ernsthaft und ehrlich und berührend und tiefsinnig, dass ich darauf nichts zu erwidern wusste. Es ist leicht, mit Sedlacek zu kommunzieren, solange er an der Oberfläche bleibt, wo er sich normalerweise so aufgehoben und sicher fühlt, dass er sie nach Möglichkeit nie verlässt: das ist seine Matrix, seine natürliche Umgebung. Da ist er leicht zu parieren und seine Angriffe prallen an mir ab wie meine Angriffe an ihm abprallen: wie Tischtennisbälle, es ist ein leichtes Spiel, für uns beide. Das Moskau-Mail passte nicht dazu, plötzlich war ich die Oberflächliche, die Geistlose, die, die nicht fähig und willens war, sich auf einen komplexeren Gedankengang einzulassen, und das ist nicht, wie sich Sedlacek und ich uns die Welt aufgeteilt haben. Das war so nicht ausgemacht. Ich habe nicht darauf geantwortet, zehn Tage nicht, und dann habe ich geantwortet, und zwar auf dieses Mail und damit das falsche, weil Sedlacek war längst wieder da und wieder woanders und längst nicht mehr in dieser Stimmung, und jetzt prügelt er mich durch Sonne und Mond, beschimpft mich, bestraft mich: erstens für meine Ignoranz, zweitens natürlich dafür, dass ich ihn beim Tiefgang ertappt und den Beweis für seine Zurechnungsfähigkeit immer noch in meiner Mailbox habe. Weil wenn das jemand erfährt, dass Sedlacek einen Charakter hat. Nicht auszudenken.

Und Fionn Regan soll mich Hase heißen

Der Lange sagt, er kann keine weißen Schmerzensmänner mehr hören, aber ich verehre die weißen Schmerzensmänner. Ich finde, es ist die Jahreszeit für weiße Schmerzensmänner. Ich bin in der Stimmung für weiße Schmerzensmänner, kömmet zu mir und singet mich an, ihr wundervollen Heulbojen. Ryan Adams, Fionn Regan, Vic Chesnutt, Conor Oberst, Fink, M. Ward, Mica P. Hinson, José Gonzales, Chris Eckman, Mark Olson und Gary Louris, Scott Matthew, Bill Callahan, Richard Hawley, Mark Everett, William Elliot Whitmore und, was der Lange akzeptiert, Phosphorescent und John Grant: Erschallet, bis die Krokusse wieder erblühen, bis mich des Morgens wieder fürwitzige Sonnenstrahlen wachkitzeln statt nachtschwarzer Frühwinterbrutalität. Und darüber hinaus gerne auch noch. Ich wölle, dass Adams mit seinem neuen Album „Cardinology" mein Leben fixt und Regan sölle mich Hase heißen. Und natürlich soll mir Bob Dylan die Ballade vom Girl from the Red River Shore noch drei-, vierhundertmal vorsingen; glücklicherweise zählt der Lange Dylan zum Guten in der Welt. Dreihundertmalige Wiederholungen dagegen leider nicht, das bekamen auch die Mimis und Peter Fox zu spüren. Peter Fox haben wir gern gehört („Haus am See!" Jess!), jetzt haben ihn die Mimis in die Finger gekriegt und wir hören ihn nicht mehr: Jetzt werden wir gehört, tagaus, tagein, auf einer 24/7-Basis. Mein Verständnis haben sie, wenn etwas wirklich, wirklich gut ist, muss man es wieder haben und wieder tun. Plus, ich habe einen eigenen Kopfhörer, fett wie zwei doppelte Cheeseburger TS Royal, mit singenden, klingenden Melancholikern drin, das hilft.

Die Meinung, dass etwas Gutes wiederholungspflichtig ist, vertritt vor allem das Bubenmimi, das schon vor Längerem ein zentrales Motiv in sein Leben implantiert hat, und das ist: Fußball, der Fußballverein, das wöchentliche Fußballtraining. Kann man ein Training auslassen, weil Laternenfest ist? Nein. Für einen Hort-Ausflug ins Schokolademuseum? Sicher nicht. Furchtbare Erkältung? Nix. Weil man seit einem Dreivierteljahr praktisch unmöglich zu ergatternde Karten für das Fest der Pferde hat? Nicht einmal daran denken. Und obwohl das Bubenmimi das einzige Familienmitglied ist, das Interesse daran hat, einen Ball mit dem Fuß zu treffen: Es macht das Leben mit ihr doch einfach. Es ist leicht, sie glücklich zu machen. Das hat uns der Polz zuletzt im Garten der Horwaths vorgeführt, als es zu Tränen und Geschrei kam, weil wir das Bubenmimi aus dem Zimmer mit dem TV-Gerät entfernt haben. Und nachdem ich bei dem Kinde auch nach zehn Minuten mit vielen klugen, besänftigenden, pädagogisch wertvollen Worten, mit Versprechungen und Erpressungsversuchen genau nichts erreicht hatte, sagte der Polz, der keine Kinder hat und in seinem Leben mit Kindern überhaupt nichts am Hut, zum Mimi: Komm, wir spielen ein bisschen Fußball. Zwei Sekunden später war das Mimi wieder froh. Ach: So geht das.

Magst vielleicht ein Brot?

Anderntags muss ich um elf im Fürstenhof gestellt sein, die Schellinskis, die alten Haberer, präsentieren ihre neue CD „Herz Schmerz Hotel“. Wie ich den Fürstenhof betrete, sitzt dort Hermes hinter einer dunkeldunklen Sonnenbrille; man kann nicht sagen, ob er wach ist oder schläft, er wirkt aber so, als würde er, wenn er nicht schläft, selbiges gerne tun. Ich sage, haha, mir geht's auch schlecht, weil ich war gestern bis drei im Jenseits, und Hermes sagt, das sei insofern interessant, als er gestern bis fünf im Jenseits aufgelegt hat. Ach, echt. Habe dich gar nicht gesehen, war in der andern Ecke mit der Ruth und dem Herrn Verleger und der Frau Lektorin, es war überaus anregend. Der Lange kommt, der Fink und noch ein paar andere und dann geben die Schellinskis zu Gulasch und Bier ein kleines Konzert mit Liedern, die nur der Fink und ich verstehen, aber die anderen finden es auch ganz prächtig. Weil die Schellinskis sind ungefähr so etwas wie der Ernst Molden auf vorarlbergerisch, der mir übrigens nach der letzten Kolumne einen nagelneuen Track gemailt hat: pvau, danke, echt nett. Aber im Unterschied zum Molden hat mir der Schellinski-Sänger, der damals die coolste Sau zwischen Kummenberg und Schweizer Grenze war, schon Bluese vorgesungen, wie ich selbst praktisch noch ein Kind war; das prägt. Es ist also sehr nett im Fürstenhof, und das Bier käme mir jetzt unglaublich gelegen, aber danke nein, ich muss noch arbeiten. Und dann noch ausgehen.

Das Leben ist derzeit so, dass uns die Babysitter ausgehen. Ständig ist etwas. Immer muss man wo sein, und wenn man nicht muss, dann will man. Habe ich nicht letztes Jahr den ganzen Herbst und den ganzen Winter gekocht und Kuchen gebacken? Und war das nicht schön und ungemein befriedigend? Kann mich nicht mehr erinnern. Kochen spielt derzeit in meinem Dasein eine so untergeordnete Rolle, dass die Anna, wie sie kürzlich am frühen Abend zum Babysitten herüberkam, bis auf die Tiefkühlerbsen und ein Stück Pommes rundheraus das gesamte Essen ablehnte, das ich ihr auf den Teller schaufelte: zu viel Unklarheit bei der Zusammensetzung der Hühner-Nuggets, die die Kinder serviert bekamen, und zu viel Klarheit beim Inhalt der Garnelen-Wantan aus dem Tiefkühlsack. Anna sagt, Entschuldigung, sie verträgt leider kein Glutamat. Ich schon; magst vielleicht ein Brot?

Immerhin kann ich den Einzug der Realität ins Leben meiner Kinder verlautbaren, denn als ich das Haus verlasse, zeigen die Mimis der Anna gerade, was sie in der Schule gelernt haben, sie können jetzt nämlich auf Türkisch „Arschloch" sagen. Gottseidank, ich dachte schon, sie lernen da gar nichts fürs Leben.

Ein paar Schriftsteller wären praktisch

Viel über Privatheit nachgedacht, letzte Woche. Es gab da einen Konflikt, einen exemplarischen Konflikt, aber den hier zu reflektieren, würde den Konflikt ins quasi Unermessliche potenzieren. Und mir ist nicht nach Streit. Ich will jetzt Friede um mich haben, Weihnachtsstimmung, ich möchte angelächelt werden durch Kerzenschein.

Allerdings letzte Woche immer noch nicht viel Privatheit gehabt, was darin gipfelte, dass ich am Samstag auf dem Weg zu einer Lesung, zwischen Wohnzimmer und brut-Theater, mein Leseexemplar mit den Post-its verlor; ich weiß nicht wie, einfach weg. Wahrscheinlich fährt es in einem Taxi durch Wien, als eigenwillige Fußmatte. Es muss kein direkter Zusammenhang damit bestehen, dass ich tags zuvor The Fall in der Arena sah, und danach ein bisschen etwas von A Life, a Song, a Cigarette im Flex und danach, um eins, bei der 30-Jahre-Droschl-Party nichts mehr zu trinken bekam. Denn die Party war schon aus. Aus, bitte! Entschuldigung, wenn das jemand im Ausland erfährt! Was wirft das für ein Licht auf den gesamten österreichischen Literaturbetrieb! Das ist ja!

Wobei man sagen muss, dass die „Buch Wien" am Messegelände ein wirklicher, voller Erfolg war: Das hat richtig gebrummt. Nur an den Partys muss man dringend noch arbeiten, so geht das nicht. Ich meine, um eins, wo samma. Und ich meine zum Beispiel das Eröffnungsfest: Das Setting im Museumsquartier war sehr schön, aber am Ablauf muss man unbedingt noch schrauben. Zum Beispiel widerspricht es dem Prinzip von Party an sich, sie mit acht Lesungen hintereinander zu kombinieren: Beides für sich ist prima, beides zusammen funktioniert null. So ein Eröffnungszeremonial, das muss rauschen, gearbeitet wird dann eh die ganze Woche.

Und dann sollten, wenn man schon ein großes Literaturfest eröffnet, unbedingt ein paar Schriftstellerinnen und Schriftsteller anwesend sein, und zwar nicht nur die, die man zum Lesen engagiert hat, und ganz besonders auch die, von denen man weiß, dass sie sich garantiert schlecht benehmen. Nächstes Jahr. Nächstes Jahr!

Mark E. Smith, weil wir gerade von The Fall reden, sieht jetzt übrigens aus wie etwas aus einem Peter-Jackson-Film. Es ist im Fall-Fall und im Unterschied zu fast allen Konzerten sonst, besser, man steht nicht direkt bei der Bühne, weil man dann genau sehen kann, wie Mark E. Smith zwischen zwei Songzeilen auf seinem zahnlosen Zahnfleisch herumkaut wie die alte Hexe Tannenmütterchen. Allerdings greint Herr E. Smith uns immer noch tadellos was daher, das möge uns allen zum Vorbild gereichen, aber erst wieder ab Jänner oder so. Nun nämlich will ich friedlich sein.

Heiser in den Neunzigern

Ich bin jetzt noch verärgert darüber, dass ich das TV On The Radio-Konzert ausgelassen habe. Selbstverständlich das, wie ich höre, großartigste Konzert des Jahres, unübertrefflich. Stattdessen saß ich mit Sedlacek in einem italienischen Lokal, und Sedlacek war überraschend angenehm; erwachsen, gelassen, zuhörbereit: Leider war ich es nicht, was in erheblichem Maß mit verschiedenen vorangehenden Aktivitäten zu tun hatte, in denen jeweils Rotwein eine Rolle gespielt hatte. Ich vertrage keinen Rotwein auf nüchternen Magen, haben das jetzt alle verstanden??!? Zuerst war ich mit einem der Mimis Adventkranzbinden im Hort (Glühwein), dann war das andere Mimi bei einem Freund abzuholen, wo Essen gereicht wurde (was ich, wegen der Verabredung mit Sedlacek, ausschlug) und Rotwein (was nicht). Dann übergab ich die Kinder dem Babysitter und eilte in das Restaurant, wo Sedlacek schon beim Rotwein saß und in die Speisekarte blickte, aber ich hatte doch keinen Hunger und beteiligte mich nur am Wein. Am nächsten Tag wusste ich nicht mehr, ob ich eigentlich den Babysitter bezahlt hatte und Sedlacek antwortete bis heute nicht auf ein Mail, das eine Menge ähs enthielt. Der Mann hat keine Ahnung, wie schnell eine Mutter in eine akute Angetschechertheit rutschen kann. Viel schneller als keine Mutter nämlich, weil keine Mutter würde gerade aus dem Büro kommen, wo sie bis kurz vor dem Essen mit Sedlacek volkswichtige Erwerbsarbeit erledigt hätte. Was einen tatsächlich entschieden weniger durstig macht, als das Binden von Adventkränzen in Gesellschaft anderer Mütter, die dafür nicht geschaffen sind, und danach ein Rudel Sechsjähriger, das sich einen völlig enthemmten Dreifrontenkrieg mit Lebensmitteln, Schuhen und Tampons liefert, bis man sie endlich alle an den Ohren zu fassen kriegt. Seids ihr eigentlich noch. Kruzi.

Egal. Zum Glück habe ich nicht das Bernhard-Fleischmann-Konzert ausgelassen. Ich glaube zwar, dass es in ganz Wien keinen dümmer konzipierten Konzertsaal gibt, als den sonst hübschen Ragnarhof, aber das Konzert war wunderbar, melodiöses Gefrizzel mit hohem Seelenanteil, sehr uncool, sehr berührend, hatte auch viel mit den Gaststimmen von Marilies Jagsch und Sweet William Van Ghost zu tun. Am Ende betrat Christoph Kurzmann vollkommen unverändert die Bühne und ich fiel schlagartig ins Zeitloch, zurück in die Neunziger, die ich praktisch lückenlos auf Konzerten verbracht habe und mit der Abklärung musikalischer und gesellschaftspolitischer Standpunkte. Ich war oft heiser in den Neunzigern. Ich konnte ausschlafen in den Neunzigern. Es war nett in den Neunzigern. Dafür hatte ich keinen Adventkranz und niemanden, der mir tagelang damit auf die Nerven ging, wann jetzt endlich die erste Kerze angezündet wird, und insofern, so viel vorweihnachtliche Kinder-Verbrunztheit erlaube ich mir jetzt einmal, bin ich vollkommen damit einverstanden, dass sie vorbei sind. Tut's nur einfach den Rotwein weg, bittedanke.

Das kann in einem Mann lange arbeiten

Ich war eh brav. Einmal den Weihnachtsmarkt überlebt, zweimal mit den Kindern Kekse gebacken, dreimal Adventlieder am Kranz gesungen. Kaum aus gewesen; Einladungen tapfer ausgeschlagen. Doch, ich war bei Peter Fox und klemmte in der Arena zwischen einer Million transpirierender Zwanzigjähriger, die alle überaus textsicher „Haus am See" mitsangen. Daran erkennt man, dass es wurscht ist, ob der Künstler englisch oder deutsch singt, das Jungvolk versteht Songtexte nicht einmal, wenn sie in der Muttersprache vorgebracht werden.

Ich meine, wenn *ich* „Haus am See" mitsinge: gut. Das könnte man, auch wenn man es mir nicht ansieht, auf eine altersbedingte Lebenskrise schieben oder die Einsicht, dass es nun eben so weit ist, dass man sich Gedanken über Altersvorsorge macht, egal wie oft man sich in Twentysomethingskonzerte schwindelt und so tut, als gehöre man noch dazu. Aber mit zwanzig sollte man doch eigentlich noch ein bisschen zu jung sein für utopische Fantasien über ideale Vergreisungsstrategien; diesfalls finanziell gut abgesicherte, denn bei dem von Herrn Fox bedichteten Altersheim handelt es sich um eine geräumige Immobilie am Wasser. Außerdem hat Fox in seiner Fantasie eine schöne Frau und zwanzig Kinder, damit kann ich jetzt nicht so viel anfangen wie mit dem, dass alle Freunde vorbeikommen und Schnaps trinken, während die Mamas kochen.

Wobei: Welche Mamas jetzt eigentlich? Egal. Im Prinzip kann man es auf's Waldviertel umlegen, vor allem, was den Schnaps betrifft, weil irgendwann muss man sich für die Millionen Tonnen Äpfel eh etwas Gescheites überlegen, wenngleich jetzt nicht die Jahreszeit dafür ist. Und obwohl im Waldviertel die Papas kochen: Tatsächlich gibt es eine entschiedene

Kochkonkurrenz zwischen den Papas, die alle einen großen göttlichen Kochauftrag in sich fühlen und sich mit ausgefeilten Gerichten, verlässlich auf solider, zünftiger Fleisch-und-Soße-Basis, regelrechte Kochturniere liefern. Die Mamas und ihre Speckrollen profitieren davon unheimlich, deshalb ist es gut, dass wir den Winter in der Stadt verbringen. Im Sommer und im Herbst, und hoffentlich auch in dem des Lebens, geht es praktisch permanent um die Frage, wer nächstes Wochenende kocht. Ich! Nein: ich! Nein, der Daniel! Der kommt am Sonntag und bringt zwei Lammhaxen! Ich glaube zum Beispiel, dass wir nicht bei den Mosers zum Nikolaus eingeladen sind, weil wir dem Moser seine wirklich schöne Idee, auf unserem Herd sein kolossales Ossobucco zuzubereiten, versenken mussten, weil dort schon ein Hirsch im Saft simmerte. Eine derartige Zurückweisung kann in einem Mann lange arbeiten. Zum Glück sind wir schon längst bei den Ritters eingeladen, wo wir den Leberkäse und den Erdäpfelsalat selber mitbringen, weil die reißen sich nicht ums Kochen. Über derlei müsste Peter Fox einmal dichten, mal schauen, wer da mitsingt.

Wir haben noch genug andere Zimmer

Wenn die Kinder noch einmal „Feliz Navidad" auf ihren Puder-Bär-Casios spielen, entleibe ich mich. Ich weiß nicht, woher sie diese Besessenheit haben; aber sie muss jeweils über ein saisonal oder kulturindustriell vorgegebenes Ereignis gestülpt werden, aktuell: Weihnachten. Unsere Wohnung wird von einem Adventkranz geziert, unzähligen Kerzen und Sternen plus einem bereits fixfertig geschmückten Christbaum, den, auf Wunsch des Bubenmimis, die ganze Familie an Tag eins des Wiener Christbaumverkaufs in einer ausgeklügelten Zeremonie gemeinsam aussuchen und dann singend nach Hause tragen musste. Das Kind hat, abseits seines Fußballwahns, eine stark idyllische Ader.

Ossi, mein alter Zürcher WG-Kumpel, hat das noch vor sich: nicht nur ehemalige Arbeitskollegen (neun), auch ehemalige Mitbewohner (jetzt: zwei) zeigen eine auffällige Tendenz, ebenfalls Zwillinge zu bekommen; Ossis Zwillingsmädchen kommen im April zur Welt. Es spricht aus seinen Mails die übliche, präparentale, geistesgestört verklärte Ahnungslosigkeit: Er hat keinen Tau, was auf ihn zukommt, weiß aber mit Sicherheit, dass es überhaupt kein Problem wird. Ich erkläre ihm vorsichtig, dass er sich die ersten drei Jahre sogar die Zeit, die er zum Atmen braucht, gut einteilen wird müssen und er sich weitere drei Jahre später wegen anhaltender Weihnachtsliedfolter harakirien wird wollen, aber das hört er gar nicht. Hat er auch Recht, bringt ja nichts. Immerhin ist er realistisch genug, mir seinen Maserati zum Kauf anzubieten; weil dafür hat er vorläufig tatsächlich keine Verwendung. Obwohl ich ihm vielleicht erzählen sollte, dass einer der neun Arbeitskollegen einen Ferrari mit zwei Kindersitzen fährt.

Und ja, wir könnten ein neues Auto brauchen: Unseres hat ein Problem beim Starten. Einen Wackler in der Zünd-Elektronik, was weiß ich. Für das Auto ist der Lange zuständig, und er könnte es in eine Werkstatt bringen und das Problem beheben lassen, aber aus irgendeinem, vermutlich finanziellen Grund, widerstrebt ihm das. Wir machen es jetzt einfach so, dass wir das Auto nur noch auf abschüssigen Straßen abstellen, oder dort, wo verlässlich Leute in der Nähe sind, die beim Anschieben helfen können. Der Lange kennt mittlerweile alle Tankstellen zwischen Wien und Waldviertel mit einer Neigung von plus zehn Prozent, und er findet, damit ist es gut. (Wenn es bei uns in einem Zimmer schlecht röche, würde der Lange ein Dutzend Mal anmerken, dass es in dem Zimmer schlecht riecht und schließlich zum Baumarkt fahren, Abdichtklebeband oder Silikon kaufen und das Zimmer von außen luftdicht verschließen. Wir haben ja noch genug andere Zimmer.)

Apropos, in puncto Kulturtechniken und Besessenheit befinden wir uns gerade in einem Experiment, wie oft sich Sechsjährige „Kung Fu Panda“ anschauen können, bevor ihnen das zu fad wird. Bislang können wir sagen: Nicht vor dem 8. Mal. Versuch 9 verschafft uns soeben eine lebenserhaltende Pause von „Feliz Navidad“. Merci, Po, merci bien.

Wie ich bald ein besserer Mensch werde

Einmal mehr werden meine Toleranz und meine liberale Grundtendenz von zwei Sechsjährigen tüchtig strapaziert. Die Mimis wollen so eine Haube, wie sie der Joey und der Joel und sogar der Franz auch haben, so eine, die aussieht, als würden oben dicke Haare herauswachsen. Die Proll-Haube schlechthin also, und ich habe gesagt, was eine tolerante, tendenziell liberale Mutter in einer derartigen Situation sagt, ich habe gesagt: Nie. Im. Leben. Und dass das überhaupt nicht in Frage kommt. Und wie absolut beschissen diese Hauben aussehen. Und richtig, beschissen darf man nicht sagen, und auch deshalb brauchen wir gar nicht länger darüber reden. Und zwar selbst dann nicht, wenn es die Oma, mit der sich die Mimis geschickt auf ein Packerl gehaut haben, finanziert. Und auch dann nicht, wenn sie es aus ihrem eigenen Sparschweingeld bezahlen. Und nicht einmal dann, wenn ich mir jetzt jeden Tag anhören muss, was für eine herzlose, egoistische Mutter ich bin, die die Grundrechte ihrer Kinder auf selbstbestimmtes Aussehen beschneidet; das ist immer noch weit weniger schlimm, als wenn ich mich jeden Tag grausen und genieren muss, wenn ich meine Kinder mit diesen Hauben sehe.

Dabei ist es mir im Prinzip einerlei, was sie anziehen, solange es im Rahmen der klimatischen Vorgaben stattfindet, also keine Glitzerballerinas bei Schneelage und keine Schipullis bei Temperaturen über dreißig Grad, selbst wenn es sich jeweils um das einzige Kleidungsstück handelt, in dem ein Kind in Würde vor seine Schulkameraden treten kann. Und keine Leiberl, die in Bauchmitte aufhören, aber das ist meine Schuld, weil ich es nie schaffe, das zu kleine Zeug rechtzeitig auszusortieren. Es ist einer der Vorsätze fürs neue Jahr, ein wenn schon nicht ordentlicher, so doch ein Mensch zu werden, der allen Ballast von sich und seiner Familie ab- und aus seiner Wohnstatt wirft, sich immer auf der Stelle von allem losmacht, das nicht gebraucht wird und es umgehend guten Zwecken oder der städtischen Müllabfuhr zuführt. Was unsere Wohnung um gute 25 Quadratmeter vergrößern würde.

Allerdings handelt es sich dabei um den guten Vorsatz der letzten 15 Jahre mit bislang unterdurchschnittlicher Erfolgsbilanz. Immerhin habe ich kürzlich eine Tonne Spielzeug aussortiert, für das die Mimis längst zu groß sind, leider steht es jetzt seit drei Wochen vor der Tür und wartet darauf, dass ich es endlich dem dafür vorgesehenen guten Zweck zuführe. Was, wie ich glaube, einer der Gründe dafür ist, dass ich seit gestern mit brutalen Rückenschmerzattacken zu kämpfen habe. Das Unerledigte, so lernte ich es von meiner Osteopathin, konzentriert sich bei mir in der Wirbelsäule: Andere machen über das Unerledigte lustige Prokrastinationswitze und schreiben heitere Wie-mogle-ich-mich-durch-Ratgeber; ich komme nicht mehr vom Sessel hoch. Aber sobald ich wieder aufstehen kann, erledige ich das und werde ein besserer Mensch, ja, doch, gewiss.

Schön, dass es dir auch nicht besser geht

Ich glaube immer noch, dass man das Richtige tun muss. (Der Lange glaubt das auch, er glaubt aber nicht, dass es sich beim Richtigen um Ballett handelt. Max und Moritz. Er muss da jetzt mit den Mimis hin. Die Horwathische hat Karten besorgt, und ich bekam durch einen meinerseitigen Überhang an Kinderglücksaktivitäten den Kopf gerade noch aus der Schlinge. Der Lange ist wegen dem Ballett so stinkig, dass ich mich, nachdem ich die Mimis mit Dead-Kennedys- und Slayer-T-Shirts fein gemacht habe, mit dem Notebook auf dem Klo verstecke. Ich höre ihn aber poltern.) Nur wird das Richtigtun desto schwieriger, je älter man wird. Je älter man wird, desto leichter macht man sich bei der Verfolgung und Fokussierung des Richtigen lächerlich: Erstens sieht man nicht mehr so gut, zweitens sieht man nicht mehr so gut aus, weil drittens ist das Richtige halt oft mit leidenschaftlichem Überschwang und gerechtem Zorn und geistesgestörter Risikobereitschaft verbunden, was einen bis 30 oder 35 lässig kleidet und danach leicht in einen närrischen Eiferer verwandelt, Sektierertranspiration inkl. Wenn man dann auch noch die falschen Schuhe anhat ... Und jetzt soll mich bitte keiner fragen, worauf ich genau hinauswill, kruzi: So definitiv weiß ich es auch nicht. Wie jedes Jahr um diese Zeit lässt mich winterdepressive Verstimmung in ein tralalaphilosophisches Loch stolpern, das mich mit Erkenntnissen versorgt, aus denen man gerade einmal eine Facebook-Existenz aus subtil-gestörten Statusmeldungen zusammenbasteln kann. Man trifft dort aber glücklicherweise auf Figuren, denen's auch nicht besser geht: Honzo ist jetzt zum Beispiel auch da und lässt mich an seinem „scheuernden Gefühl von Langeweile" teilhaben. Danke, Honzo.

Übrigens, guter F., dein Facebook-Suizid war ein Fehler; den Grund, die Kuscheligkeit dort sei unecht, lasse ich nicht gelten. Es *ist* kuschelig, genau so distanziert-kuschelig, wie man es außerhalb des familiären Sicherheitstrakts gerade eben ertragen kann. Nur dass das Kuschelige eben nicht aus Nähe entsteht, sondern aus Komplizenschaft, weil einem auf Facebook jeden Augenblick versichert wird, dass man in seiner kindischen, geltungssüchtigen, ambivalenten Versagerexistenz tatsächlich nicht allein ist. (Man braucht dazu nur die richtigen Freunde.) Und dass die individuelle Orientierungslosigkeit Teil eines riesigen, vielgliedrigen sozialen Konstrukts ist. Eines endlich beweisbaren Konstrukts. Sag mir einen Ort auf der Welt, F., wo du diese Erkenntnis so billig kriegst. Okay, die katholische Kirche, aber sonst.

Schau, der coole junge Magazin-Moverundshaker weiß jetzt auch schon einen perfekten Fenchel zu schätzen und fällt in die alten Gun-Club-Platten. Schau, die Partyschwester widmet ihre Freizeit mittlerweile auch dem korrekten Spicken von Lammrücken. Schau, der Lange muss ins Ballett. Schau, wir sind alle auf der Suche nach dem Richtigen. Wir machen uns komplett lächerlich, und wir sind dabei jetzt weniger allein.

Es wird dir gefallen

Wie ich aus dem Bett gehüpft bin, hat es mich gleich längelang auf die Gosche gehauen und ich habe mir das Knie aufgeschlagen. Was erstens daran lag, dass ich mir tags zuvor schön die Füße geraspelt hatte, und jetzt babypopschzarte Füße plus glatter Parkett, gemma. Zweitens war eiliges Eingreifen vonnöten, ich musste nämlich sehr schnell um die Bett-Ecke und aus dem Schlafzimmer bohren und das Schlimmste verhindern, weil ich gerade gehört hatte, wie der Lange dem einen Mimi sagte, na gut, wenn es denn so gar nicht mag, braucht es nicht in die Schule zu gehen. Das Mimi war fast die ganze Woche krank und erst einen Tag wieder in der Schule gewesen und hatte festgestellt, dass es, obwohl Schule nicht schlecht, wesentlich mehr Spaß macht, den ganzen Tag im Bett zu liegen und Filme anzuschauen. Nun war das zweite Mimi, das die ganze Woche in der Schule gewesen war, abends zuvor auch krank geworden, und würde nun, um Mutter die Erwerbsarbeit zu ermöglichen, den ganzen Tag im Bett liegen und Filme schauen müssen. Da fand das erste Mimi, es sollte das Herz seines Vaters mit ein wenig bitterlichem Geschluchze erweichen, was gelang. Leider rechnete es nicht mit dem leichten Sieben-Uhr-Früh-Schlaf seiner Mutter.

Hatte es auch keinen Grund dazu. Schließlich hatte sich die Mutter abends zuvor Richtung Austrofred-Buchpräsentation aus der Wohnung entfernt, mit dem Langen, mit Lippenstift, Stöckelschuhen und den Worten, wehe, man lasse sie morgen nicht ausschlafen, wehe ein Kind käme, wie letztens nach dem Auflegen im rhiz auf die Idee, nicht zur Schule gehen zu können, ohne zuvor an der geliebten Mutter gerüttelt und ihr einen innigen Abschiedskuss auf das stinkende Maul gedrückt zu haben. Die Oma ist eh da, also: WEHE!!!!

Aber jetzt wieder nix; sondern mit blutigem Knie und brutalem Schädelweh aussi, den Langen fragen, ob er deppert geworden ist und dem heulenden Kinde sanft, aber eindrücklich Informationen über die allgemeine Schulpflicht in diesem Land nahebringen, die es nun einmal verbietet, einfach zu Hause zu bleiben, weil man gerade keine Lust hat. Buhuhu. Und warum, buhuhu, darfst du dann liegen bleiben? Wie du siehst, darf ich eh nicht. (Dafür hatte sich der Lange aus gekränkter Vater-Eitelkeit wieder ins Bett zurückgezogen und schnarchte bereits weiter.) Komm, du ziehst dich jetzt an und am Nachmittag, wenn du heimkommst, habe ich eine Überraschung für euch. Was für, schluchz, eine, schluchz, Überraschung? Sag ich nicht, siehst du dann, aber es ist eine gute und sie ist DVD-förmig.

Auch das habe ich bereut. Schon nachmittags um vier musste ich die Antwort auf die um zwei gestellte Frage, ob in „Mamma mia!" Monster vorkommen, vollumfänglich revidieren, weil: Ja, es kommen in „Mamma mia!" doch Monster vor, ganz, ganz schlimme Monster. Ich werde jetzt, suupapa, truupapa, in einem ABBA-Umerziehungslager festgehalten; und das Knie schmerzt übrigens immer noch.

Die Bekehrung der Bekehrten

Neuer Plan. Die Mimis kriegen den Nintendo DS jetzt nicht mit acht oder zehn oder nie, sondern zum siebenten Geburtstag. Das beruht keineswegs auf innerer Überzeugung oder neu gewonnener Einsicht, sondern ich weiche dem Druck all der anderen, vollkommen verantwortungslosen Eltern, die ihren Kindern längst Nintendo DSes gekauft haben und die jetzt meinen Kindern mit den Benefizien mehr oder weniger verkofferter Computerspiele das Hirn nachhaltig verbrennen. Wochenlang habe ich nichts anderes gehört als Nintendo DS, Nintendo DS und Mario Kart und Pokemonfürnintendo, und dass es übrigens auch ein Jamie-Oliver-Kochkurs-Spiel gebe, das sei ja wohl überhaupt nicht deppert, den ganzen Scheiß, früh bis spät, und das gebe es jetzt auch in Rot, so schön!, und kriege ich dann auch eins, vielleicht mit acht?, zum Geburtstag?, kriege ich?, kriege ich?, bittebittebittebittebittebitte!, und jetzt kann ich einfach nicht mehr. Der Lange auch nicht. Man wird es zeitlich beschränken. Sie dürfen aber nicht jeden Tag. Zwei Spiele pro Kind, und aus. Und für die Fahrten ins Waldviertel ist es sicher ganz praktisch. Undundund. So weichgedögelt sind wir, dass wir uns jetzt schon Gründe überlegen, warum das Klumpert auch noch gut sein soll, und in Wirklichkeit sind wir einfach alt und haben die Nerven nicht mehr. (So viel dazu, dass man das Richtige tun muss: Meistens sagen einem jetzt die Sechsjährigen, was richtig ist, so lange und hochfrequent, dass mans schließlich glaubt.)

Apropos richtig, falsch und ins Hirn einigedingst: Als Folge der Folge der Folge von war es am Sonntag notwendig, wieder einmal mit der Nikotin-Entwöhnung zu beginnen. Ist es nicht schön, wenn die schlimmsten Eiferer, die eiferndsten Bekehrten wieder Gefallen an ihren alten Lastern finden? Was heißt:

wieder so voll hineinkippen, dass schon nach wenigen Wochen erneut ein Entzug notwendig wird. Nach mehreren schlaflosen Nächten, in denen mich verzweifelte, echoverzerrte Kinderstimmmen („Davon wird man touhouhout!") peinigten und ich mir ein Lungenkarzinom in seiner ganzen, grausigen Schönheit imaginierte, besorgte ich mir Nikotinkaugummi, Geschmacksrichtung Freshmint. Die armen Mimis, die davon nicht einmal etwas ahnen, weil ihnen Mutter ihren Rückfall in die Sucht aus Moralpredigtvermeidungsgründen („Davon wird man toooooot!!!!") verheimlichte, werden nun ein paar Tage lang übel angegrantelt werden. Der Lange auch, aber da triffts wenigstens keinen Falschen.

Der Lange raucht heimlich auch schon längst wieder, besitzt aber offenbar ein Suchtkontrollgen, das es ihm erlaubt, zwischendurch jeweils tagelang ohne Zigarette überleben zu können. Dieses Gen fehlt mir, wie ich nach sieben Jahren totaler Nikotinfreiheit, die auf zwanzig Jahre totale Nikotinsucht gefolgt war, erneut erfahren durfte. Und Sie werden gleich die Folgen davon kennenlernen, wenn Sie mir jetzt also bitte lieber aus dem Weg gingerten, ich bin gerade gar nicht gut drauf.

Alter Sack spricht zur Jugend

Der Protestsongcontest manövrierte mich letzte Woche in einen Generationenkonflikt hinein, und noch nie war es so definitiv: Ich stehe jetzt auf der anderen Seite. Ich stehe jetzt bei den alten Säcken, die Jugendkultur nicht verstehen und Jugendkultur verhindern und sich deshalb bitte nicht über Jugendkultur äußern sollen. Auf keinen Fall sollten alte Säcke wie ich in der Jury des Protestsongcontests sitzen. Was hat die da verloren, lese ich bei den Postings (Postings lesen: immer ein Fehler) auf der FM4-Website.

Zum Beispiel: Alte Säcke wie ich haben ihn erfunden. Ohne uns alte Säcke gäbs den Protestsongcontest gar nicht, so ist es nämlich, und ihr kleinen Scheißer könntet nicht im Publikum stehen und uns ausbuhen, weil unsere Altesackheit so krass nervt, und euch danach darüber ausheulen, dass alte Säcke gewonnen haben. Woran ich übrigens völlig unschuldig bin, weil ich meine neun Punkte an die krass jungen Squishy Squid gegeben habe. (Und nirgends steht, dass der PSC ein Kiddy-Contest mit anderen Mitteln sei. Oder? Nein.)

Natürlich hat es überhaupt keinen Sinn, in dieser Kolumne Botschaften an die Jugend zu richten, weil die diese Kolumne sowieso nicht liest. Um ein Uhr früh stand ich vor dem Rabenhof auf der Straße und wartete auf ein Taxi, schnorrten mich drei Zwanzigetwasse um Tschick an. Und ich war, ich sage es ungern, in der Position, ihrem Wunsch zu entsprechen; aber gerne, wo ihr mich doch vorher so nett ausgebuht habt. Oh, na, sagte der junge Herr, das sei er nicht gewesen, das war sein Bruder, könnten sie vielleicht zwei haben? Aber klar. Man begehrte zu wissen, was ich denn so mache, normalerweise? Ich sagte wahrheitsgemäß, ich schrübe Kolumnen. Wo denn? *Kurier* und *Falter*. Kannten sie nicht, aber eine der jungen

Frauen meinte, Kolumnen, aha, dazu müsse sie sagen, wir fladerten ja doch nur ihre Ideen, also die der Jungen. Sie trug dazu eine putzige Brille aus den 1970er-Jahren.

Aha. So also. Unablässig wird einem vorgeworfen, man verspießere, das sei, gerade angesichts dessen, wie man früher einmal gewesen sei, richtig gruselig, dieses aggressive Verspießern jetzt. Aber kaum tut man es einen Abend lang nicht, ist es auch nicht recht. Gar nicht recht ist es. Einmischung ist es, feindliche Übernahme von Ideen, die uns nichts mehr angehen. Geht's heim, Greise, haltet euch raus.

Ich habe eine eigene Idee: Machts euch euren Protestsongcontest doch selber, in eurem eigenen, selbsteroberten altesäckefreien Jungemenschenlokal und übertragt's ihn in eurem eigenen Radio. Derlei haben wir alten Säcke in eurem Alter gemacht, aber das braucht euch nicht zu interessieren. Uns ists eh wurscht, wir sind mit dem Verspießern hübsch ausgelastet und mit der Aufzucht jener Generation, die euch den alten Sack überstülpen wird, lange bevor ihr mit dem Jungsein auch nur annähernd fertig seid. Huachts zua: das ist bälder, als ihr denkt.

Kleiner Exkurs über die Würdelosigkeit

Stellen Sie sich eine erwachsene Frau vor, die morgens um acht ungeduscht und mit anthrazitgrauen Augenringen vor ihrer Wohnungstür sitzt. Mit der einen Hand drückt sie mit ungefähr 130 beats per minute auf die Klingel, mit der anderen raucht sie und haut periodisch den Ellenbogen gegen die Wohnungstür. Es macht einen Höllenlärm. Sie hört es, das ganze Haus hört es, die angrenzenden Teile des Nachbarhauses hören es, der Lange hört es nicht. Der Lange schläft.

Die Mimis haben den Langen in der Früh auf eine Weise vorgefunden, die ich jetzt nicht näher erläutern möchte; andererseits haben sie es in der Zwischenzeit verlässlich voller Begeisterung der ganzen Schule erzählt. Der Papaaa! Der Lange hat in der Nacht davor im Flex aufgelegt und deshalb die Lizenz zum Schlafen. Die Mutter, die sich um halb drei in der Früh im Rabenhof vom Direktor des Rabenhofs, vom Austrofred, von einem lebensfrohen Fotografen und von noch ein paarn, die auch auschlafen durften, verabschiedet hatte: nicht. Die Mutter ist nach ungerechten drei Stunden Heia aufgestanden, hat den Mimis und dem Babysitter Frühstück und eine ernährungswissenschaftlich wertvolle Jause gemacht, hat den Langen ins Bett geschimpft, die Mimis mit Anzieh-Befehlen terrorisiert, Zöpfe geflochten, Mitteilungshefte kontrolliert, das Zeug fürs Hort-Eislaufen am Nachmittag zusammengesucht und dann die Wohnung verlassen, um die Mimis pünktlich zur Schule zu bringen, mit dem Plan, danach um-ge-hend wieder das Bett aufzusuchen.

Leider habe ich vergessen, den Schlüssel vom Langen innen abzuziehen. Jetzt sitze ich vor der Tür und lerne, dass Türklingeln nur eine begrenzte Zeit klingeln, denn nach exakt einer halben Stunde Dauerklingeln stellt die Klingel ihren Betrieb für immer ein. Ich trete weitere zehn Minuten gegen die Tür. Der Lange schläft wie ein Stein. Nein, der Lange schläft wie ein Toter. Nein, der Lange schläft wie zwei Tote. Er wacht auf, nachdem ich vor dem Haus von einem Fuß auf den anderen getreten und dabei meinen Finger weitere zehn Minuten auf der Hausglocke affichiert habe. Alle Nachbarn hassen mich. Ich würde mindestens eine Woche lang nicht mit dem Langen reden, wenn mir das Goschnhalten gegeben wäre.

Es ist natürlich würdelos. Aber wissen Sie, wir müssen so leben, wenigstens ein paar von uns. Man erwartet das von uns Kreativwirtschaftlern, das gehört zu unserem Jobprofil. Wir sind Stellvertreter, wir müssen, damit die sich noch besser fühlen, repräsentativ für den weniger aufreibend alternden Teil der Bevölkerung hin und wieder diesen würdelosen Twentysomethinglebensstilscheiß weitermachen, bis weit in die Fünfziger hinein. Wenn die Kinder dann aus dem Haus sind, ziehen wir eh auf's Land, hüten Ziegen, werden wunderlich und fallen nicht mehr ungut auf. Aber so was muss man sich verdienen, ja.

Und mach die Tür hinter dir zu

Am Dienstag wollte ich zur Vernissage von der Frau Widauer gehen. Babysitter organisiert, mit einer Freundin ausgemacht, alles. Ich wusch mir in der Früh die Haare, und die waren dann so fluffig und ganz abnormal ansehnlich, dass ich mir die Frisur nicht mit einer Haube ruinieren wollte. Ich radelte also ohne Haube ins Büro und ging dann nicht zu der Vernissage, weil ich den Abend doch lieber mit hundert Schnäuztüchern, einem Thermophor und einem Fieberthermometer im Bett verbrachte. Aber ich hatte dabei die Haare sehr schön.

Immerhin musste ich wegen Heiserkeit auch nicht mit meinem Kind herumstreiten, das mit sechseinhalb in die Pubertät gekommen ist und nicht mehr mit uns spricht. Also noch weniger mit uns spricht als vorher schon nicht. Es schmust nicht mehr, es will nicht mehr gekitzelt werden, es will nur noch in seiner Hängematte liegen und ganz für sich und ganz laut „Was-ist-was"-CDs-hören, und wenn ich ihm zwischendurch eins von Schiepeks hübschen Melamintellerchen mit einem Buttertöstchen ins Zimmer stelle, brummt es: Hm, und jetzt geh wieder. Und mach die Tür hinter dir zu. Zuweilen kuschelt es sich an mich und drückt mir warme Küsse auf die Backe, dann will es außerhalb der verabredeten Zeiten einen Film anschaun. Wenn sich diese Investition nicht lohnt, reduziert es den Kontakt wieder auf böses Geschau und pampigen Befehlston. Jetzt heult es gerade „Papa, du verlangst zu viel!!", und zwar, weil der Lange nicht und nicht einsehen will, dass alle zwei Wochen baden völlig reicht.

Ich will nicht undankbar sein, aber andere Eltern haben nettere Kinder. Und oft zudem noch begabtere. Wo immer wir derzeit hinkommen, haben Eltern nette, begabte Kinder, die auf dem Klavier unaufgefordert fehlerfreie kleine Etüden spielen, anstatt gemein zu ihren Eltern zu sein. Na, gut, es sind auch welche darunter, die vorher und nachher gemein zu ihren Eltern sind, wofür die Etüden aber immerhin irgendwie entschädigen. Was habe ich? Ich habe zwei Kinder, die sich an den Gastgeber-Tisch setzen und sagen, es tue ihnen leid, aber jedes der angebotenen Gerichte sei auf seine spezielle Weise grauslich und ungenießbar, verzehren oder auch nur probieren sei ganz ausgeschlossen. Nein, stimmt nicht, das tut-mir-leid lassen sie weg, sie sagen nur das mit dem ungenießbar und dem grauslich.

Auch im Unterschied dazu haben andere Eltern Kinder, die ihnen permanent Anlass geben, verzückt über diese zu sprechen, ungefragt zu betonen, wie gut sie dies und das können, diese Eltern zeigen auf ihr Kind und rufen: Ist er nicht süß? Ure. Dabei sind meine Kinder schon auch süß, auf ihre ganz eigene Weise, und deppert sind sie auch nicht, sie können auch Sachen total gut, aber das Verklären von Kindern ist, finde ich, eher eine Oma-Disziplin. Ich komme ja mehr vom Sudern; und das, bei dem Weg, können meine Kinder absolut prima. Plus, sie haben sehr schöne Haare; das haben sie von ihrer Mutter, ja, genau.

Zu Lasten der Herkunftsfamilie

Jetzt hat eins der Mimis zweimal bei meiner Freundin Anna übernachtet und ist darob zu der Erkenntnis gelangt, dass Elternschaft ein soziales Konstrukt ist. Anna, deren Sohn schon aus dem Haus ist, steht den Bedürfnissen kleiner Mädchen extrem aufgeschlossen gegenüber: Man darf bei Anna schon zum Frühstück fernsehen, spätnachts mit dem Handy für den favorisierten Dancing Star voten, Schokolade essen, bis man in ein glykolisches Koma verfällt und wird in Milch und Honig gebadet. Die Anna sagt nie Sachen wie: jetzt nicht, geht's noch?, räum dein Zimmer auf, zieh dich endlich an, dann gibt's aber keinen Nachtisch, komm Flöte üben und beeil dich. Es ist dem Mimi klar, dass sein Wunsch, ganz zu Anna zu übersiedeln, vermutlich abschlägig beschieden würde, deswegen hat es jetzt realistischer verankerte Sorgerechtsverhandlungen aufgenommen: Wenn es ein- oder zweimal pro Woche bei Anna übernachten würde, würde das das Verhältnis zwischen ihr und der Herkunftsfamilie doch sehr entlasten, das wäre doch für alle das Beste, da hätte doch jeder etwas davon. Geht's noch? Und jetzt räum endlich dein Zimmer auf.

Immerhin glaube ich jetzt zu wissen, was des Mimis Frühpubertät ausgelöst hat: Dass wir es an das Schulsystem verraten und ausgeliefert haben. Dass wir den bösen Drachen Schule nicht mit güldenen Schwertern und unter Einsatz unseres nackten Lebens von unserem Kinde abgewehrt, sondern ihm dieses zum Fraße hingeworfen haben. Ich fürchte, das hat das Mimi'sche Grundvertrauen in unsere Komplizenschaft stark erschüttert. Zur Strafe lässt es seine Hausaufgabenhefte in der Schule liegen, weil nicht gemachte Hausaufgaben natürlich nicht dem Kind angelastet werden, sondern den innerlich verwahrlosten Eltern. Das andere Mimi will auch nicht in die

Schule, verarbeitet diese Tatsache aber mit weniger rebellischem Potenzial. Dabei ist es ja nicht so, dass es ihnen in der Schule nicht gefällt. Sie tun sich auch nicht schwer. Sie wollen nur nicht hin.

Der Fink wiederum fühlt sich von seiner Dreijährigen verraten. Es gäbe im Kindergarten seiner Tochter so viele nette Kinder aufregender und geiler Mütter, sagt der Fink, und wen hat sich das Kind zum Freund erwählt: den Justin. DER JUSTIN!, heult der Fink, AUSGERECHNET DER JUSTIN!

In dieser Hinsicht haben wir mit unseren Kindern mehr Glück. Wann immer eins der Mimis von einem der neuen Schulfreunde zum Geburtstag geladen wird, holen wir es hernach in Wohnungen ab, in denen man nicht von frostiger Pathologie-Atmosphäre oder exakten Kopien von Schöner-Wohnen-Trend-Dekos in die Flucht geschlagen wird. Nein, wo immer es uns hinverschlägt, verweilen wir auf ansprechend zerkratzten Fußböden, zwischen sich stapelnden Büchern und dekorativ herumlehnenden Stromgitarren gern auf alten Stühlen. Keine Justins, nirgends, nur unzickige Eltern, die einem, ohne lang zu fragen, den Teller oder das Glas noch einmal bis zum Rand füllen. Wenn bloß alles an dieser ganzen Schulsache so einfach wäre: halleluja.

So viel zum Thema Körpergedächtnis

Die kulturellen Höhepunkte der letzten Woche: Hermes, Kreisky und Thomas Maurer, und danke, es reicht jetzt wieder für ein Zeitl. Nicht inhaltlich, inhaltlich war da, dort und drüben alles im grünen, ja teils im frühlingsgrellen Bereich, aber die Rahmenbedingungen. Die Rahmenbedingungen überlappen meine Kampfkraft massiv. Immerhin kann ich von Maurers kolossalem „Aodili"-Abend Folgendes sagen: Ich stand aufrecht bis zum letzten Glas. Was ich vom Kreisky-Abend nicht behaupten kann. Vor den Zugaben, um halb drei Uhr in der Früh, wartete ich im Flex-Klo darauf, dass sich endlich eine Tür öffnen möge und wunderte mich, wie man von ein paar Sommerspritzern mit einem Mal so blunznfett sein kann. Das nächste, was ich sah, waren drei Neunzehnjährige, die besorgt auf die merkwürdige alte Frau am Boden herniederblickten: Alles in Ordnung? Ja, danke, sehr lieb. Ich kann jetzt wieder aufstehen. Ich kann nur einen Kreislaufkollaps nicht mehr von einem Fetzen unterscheiden.

Früher konnte ich das. Früher wurde man hin und wieder, wenn es die Situation erforderte, aus dem Chelsea hinausgetragen und lernte schließlich, wie sich das anfühlt, wenn man jetzt dann gleich ohnmächtig umfällt, und was man dann tun sollte. Und was? Der Organismus hat es, das kommt von dem ständigen Regelmäßigessen und Zeitiginsbett, vergessen, nach nur zehn Jahren. So viel zum Thema Körpergedächtnis. Aber ich habe eh nicht vor, derlei in näherer Zukunft zu wiederholen. Haben wir nämlich etwas daraus gelernt? Ja, haben wir. Zum Beispiel, dass ein Leberkässemmerl zu Mittag keine ausreichende Unterlage für einen multistatiönigen Gemma-Abend ist. (Nicht, dass wir das nicht auch schon einmal gewusst hätten.) Zum Beispiel, dass Rauchen auch schlecht für die Kreislaufstabilität ist. Zum Beispiel, dass man, wenn einem schlecht ist, direkt an die Frischluft soll, ohne Umweg über's Klo.

Danach wollte mich der Zwei-Meter-Security-Riegel nicht mehr ins Flex lassen, obwohl ich einen Stempel auf meinem Unterarm vorweisen konnte. Das sei nicht der Stempel. Ich bellte ihn an, dass, Entschuldigung, dieser Stempel vom Chef persönlich appliziert worden sei, also dürfte ich BITTE!? Ich durfte. Viel später, als ich im Backstageraum eine Banane aß – immer gibt's Obst in Backstageräumen und noch nie habe ich einen Musiker Obst essen sehen –, erblickte ich auf meinem anderen Arm noch einen Stempel. Der wärs gewesen; entschuldigung, Herr Security: „Meine Schuld, meine Schuld, meine große Schuld."

Das gleichnamige Kreisky-Album kaufen Sie sich übrigens bitte jetzt gleich. Und das alte dazu. Und Sie schauen sich ein Konzert von den Burschen an. Und den Austrofred im Rabenhof. Und kaufen die Bücher vom Austrofred. Und das Buch vom Franz Adrian Wenzl.* Der Wenzl Franz ist nämlich definitiv State of the Pop-Art. Der Wenzl Franz hat das Talent, die Eier und den Stil. So muss das klingen, so muss das ausschauen, so will man zum Lachen gebracht werden, so muss das im Bauch wirken und so im Kopf. So muss man das machen, genau so.

* Austrofred, *Ich rechne noch in Schilling* und *Du kannst dir deine Zauberflöte in den Arsch schieben. Mein Briefwechsel mit Wolfgang Amadeus Mozart;* Franz Adrian Wenzl/Ingo Pertramer, *Drücken Sie einmal einem solchen eine Bohrmaschine in die Hand.*

Bemühte Beweisballung biederer Bürgerlichkeit

Sie können mit dem Getstse wieder aufhören. Die letzte Woche war geprägt von überwältigender, ja einschläfernder Ereignislosigkeit. Nichts passiert. Keine peinlichen Performances. Nie aus gewesen, außer das eine Mal, wo ich mit den „Literats" geprobt habe, und einmal Hauskonzert; Haus-, nicht House-, ganz genau. Vor allem: nicht geraucht, schon neun vollständige Tage nicht eine einzige Zigarette geraucht. Ich habe nämlich aufgehört, und nach sechs sehr kurzfristig gescheiterten Versuchen diesmal ernsthaft. Ich werde meinen Turm aus den nichtgerauchten Zigaretten-Schachteln jetzt weiterbauen, im November war er 173 Meter hoch, dann Baustopp, nun wächst er wieder täglich um 2,3 cm. Ich stinke weniger aus dem Maul, und mein Handekzem hat sich stark gebessert, seit ich mir nicht mehr alle halben Stunden den Zigaretten-Gestank mit Seife von den Händen waschen muss, damit die Kinder meine Missetaten nicht erriechen. Allerdings habe ich jetzt nicht mehr so einen guten Überblick darüber, was unter meinem Balkon passiert. Nicht, dass viel Spannendes passiert wäre in der Zeit ... Einmal habe ich in der Nacht einen Mann gesehen, der Fahrräder fotografierte, das war, glaube ich, das Aufregendste. Abreagieren durch Anbrüllen von Hundebesitzern war auch nicht, weil die jetzt meistens ein Sackerl dabei haben, jedenfalls bei Tageslicht, und in der Nacht kann man aus der Distanz leider nicht genau sehen, was der Hund jetzt da gemacht hat, und es ist, das weiß ich zufällig, saupeinlich, wenn man einen Gassigeher mit Chili in der Stimme auffordert, dass er das gefälligst wegmachen soll, und der Hund hat nur gebrunzt.

Aber nicht einmal so eine kleine Peinlichkeit habe ich mir diese Woche zuschulden kommen lassen. Und sehen Sie, schon ist Ihnen fad. Und es geht so weiter: Gleich werde ich Ihnen erzählen, wie ich brav jeden Tag mit dem Kind Flöte geübt habe, wie die Mimis ihr erstes Buch ganz allein ausgelesen haben, wie ich bei ebay vier Thonet-Sessel um kein Geld ersteigert habe, wie ich ein paar neue Sofakissenbezüge nähte und wie mir vorgestern ein Kärntner Reindling gelungen ist: und man wird das Weiße in Ihren Augen sehen und Atemluft wird explosionsartig zwischen Ihren Lippen entweichen. Phhh, ist das öd. Und mitleiderregend; diese bemühte Beweisballung biederbraver Bürgerlichkeit. Und diese traurigen Alliterationen, meinerseel.

Bitte, wenn Sie mir bei echten Peinlichkeiten zusehen wollen, das geht, das können Sie, kommen Sie einfach auf eine Lesung. Und die Thonet-Sessel sind in Wirklichkeit wahrscheinlich eh keine, so ein Pickerl ist ja schnell aufgepickt, und schon am Donnerstag oder so wird der Horwath mich deswegen schallend belachen. Es wird schon wieder alles normal hier, passen Sie auf.

Die Karmapolizei müsste einschreiten

Am Freitag in der Früh habe ich mich über ein deppertes Mail so geärgert, dass ich drei stinkwütende Mails retournierte, worauf ich naturgemäß von etwa neun Hassmails betoniert wurde. Das passiert, wenn man sich schon um sechs Uhr früh zwischen gerechtem Zorn und buddhistischer Gelassenheit entscheiden muss. Um sieben, nach dem Kaffee, weiß man dann eh, dass man zuerst den Kaffee trinken, die buddhistische Gelassenheit wecken und dann auf das Mail nicht antworten sollte, aber tralala, zu spät. Natürlich vergiftet einem der frühe Zorn den ganzen Tag: Er macht, dass im Semmerl der falsche Leberkäs ist. Er macht, dass die Kinder im Auto aggressiv sind, weil eh, wie man in die Rückbank hineinruft, so schallt es heraus. Und er macht, dass im Waldviertel das Wasser nicht geht, und nicht nur nicht geht: Es zerstört sich, während das Anstellen des Wassers misslingt, der Handpumpbrunnen vor dem Haus, und ohne den fließt im Haus kein Wasser. Haben Sie schon einmal einen Handpumpbrunnen repariert? Ich auch nicht. Es ist Freitagnachmittag, die Installateure sitzen schon in ihren warmen Whirlpools. Man wird auch dieses Wochenende, an dem man acht Leute zum Schweinsbraten-Essen und einige davon zum Übernachten eingeladen hat, kein Wasser haben. Darauf kann man auf verschiedene Arten reagieren; manche hocken sich neben den hinichen Brunnen und schluchzen.

Ganz früh am nächsten Morgen kommt der Horwath mit dem großen Schraubenschlüssel. Wir schrauben den Brunnen auf, und schau an, das Leder innen ist hinüber, wir binden ein Schnürl herum, aber nix. Der Lange fährt mit dem Brunnenteil und genauen Horwath-Anweisungen zu einem Installateursladen, der zwanzig Kilometer entfernt offen hat. Der

Horwath hat eine Idee und holt seine Tauchpumpe, hängt sie in den Brunnen, und hurra, das Wasser im Haus sprudelt los. Aus dem Wasserhahn und aus insgesamt sieben Frostlecks in den Rohren: vier im Badezimmer, eines im Gästezimmer, zwei im Wohnzimmer. Immerhin war das Karma damit so weit besänftigt, dass wir einen Notinstallateur erreichten, der den ganzen Samstagnachmittag lang Rohre lötete, während wir den Indoor-See trockenlegten.

Das alles hängt, davon ich bin überzeugt, mit dem Freitagmorgenmail zusammen, und zwar nicht mit dem, das ich bekam, sondern mit dem, das ich dann zurückschrieb. Die Karmapolizei hätte gleich einschreiten müssen. Weil eh: Man muss zu allen freundlich sein, auch zu den Depperten, denn wenn man freundlich ist, kommt Freundlichkeit zurück. Selbstverständlich erfordern manche Deppertheiten energisches Gegendeppertsein; aber das war, wenn man es sich genau anschaut, eigentlich keine solche Situation. Es war eine Situation, wo man gelassen sagt, geht mir da rein, geht mir da raus und baba. Leider war der Zorn schneller wach.

Also habe ich am Montag früh ein abschließendes freundliches Mail an den geschickt, der mir das depperte geschickt hat. Und was ist passiert? Zwei Minuten später klingelt es an der Tür und die Post bringt ein Paket und es enthält ein Paar fantastische Sandalen. Und sie passen perfekt. Und das Wasser hält jetzt auch dicht.

Und weißt du, das zahle ich gern

Wie das Mimi aus der Schulgarderobe kommt, spritzt ihm schon das Gift aus den Augen. Es ist offensichtlich gedemütigt worden; und von wem, eh klar, von seiner Mutter. Es wurden nämlich in der Schule Eier gefärbt und seine Mutter hat ihm zweierlei: erstens braune Eier mitgegeben, was diesfalls allerdings die minderschwere Sünde bedeutet, zweitens aus Bodenhaltung. BODENHALTUNG!, heult das Kind der Mutter vom Rücksitz aus in den Nacken, meine Mutter kauft Eier aus BODENHALTUNG!, wie konntest du nur! Den ganzen Gürtel-Stau hindurch erklärt das Mimi seiner hirn- und herzlosen Mutter, was das bedeutet, wenn Hendln in BODENHALTUNG gehalten werden und wie die sich gegenseitig Löcher und in die Leiber, ja sich totpicken! Und wie sie nicht verstehen kann, wie ein Mensch so verantwortungslos, nein: BÖSE sei kann, Eier aus BODENHALTUNG zu kaufen! Wo es doch überall auch gute Bio-Freilandeier von glücklichen, artgerecht auf grünen Wiesen gehaltenen Hühnern gibt: Ist euch das alles EGAL?

Tatsächlich ist es natürlich so: Wenn es etwas auch in bio gibt, nehmen wirs in bio, bis auf ein paar Ausnahmen, die aber nicht ursprünglich mit unserer Bosheit zu tun haben, sondern mit unserem endenwollenden Haushaltsbudget. Wir glauben an ökologisch bestelltes Land, saubere Gewässer und gesunde Tiere, deshalb kaufen wir im Bauernladen oder radeln freitags zu diesem suprigen kleinen Markt bei der Lerchenfelder-Kirche und verteilen unter den Händlern kleine Vermögen für glücklichen Lardo vom Mangalitzaschwein, glückliche Bio-Essiggurkerl und glücklichen Bio-Paprika. Ich mache mehrmals wöchentlich einen Umweg, um den lässigen Biohändler, mit dem ich jetzt per Du bin, zu unterstützen, indem ich das Dreifache zahle wie im Supermarkt, und zwar gern, denn dafür gibt's fantastisches Biobrot, das Schremser aus der guten Waldviertler Familienbrauerei und absolut überglückliche Bio-Freilandeier, die ein grundgütiger Biobauer dem glücklichen Biohuhn mit liebevollen Worten abverhandelt, gepützelt, gestreichelt, gekost und zärtlich in sein Pappmaché-Schachterl gelegt hat. So ist es nämlich.

Aber wie ich letzten Dienstag das Biogemüse für das Bio-Wokgericht geschnippelt habe und eben die geraspelten Bioerdäpfel mit den Biozucchini zu Puffern zusammenmixen will, sind die glücklichen Eier aus. Nachbarin 1 ist nicht daheim und Nachbarin 2 ist nicht daheim, also zieh ich die Pfannen vom Ofen und mir nochmal Schuhe an, renne in den nächstgelegenen Supermarkt und kaufe die einzigen Eier, die es dort gibt. Und genau die sind noch im Kühlschrank, als die Mutter im Mitteilungsheft des Mimis die Nachricht entdeckt, das Kind habe bitte ein paar gekochte Eier zum Färben mit in die Schule zu bringen. Und jetzt sind wirs: ruchlose Hendlschänder, die marodierend durch Billigstdiscounter ziehen; und das Kind gesellschaftlich ruinieren. Das pickt an uns wie Hühnerdreck, vermutlich für immer.

Der Gabelbub hat wohl getrödelt

Weil Sie gefragt haben: Das Schremser gibt's beim Verde, in der Josefstadt. Auch sonst gab es bezüglich der letzten Kolumne zig Fragen. Ausdrücklich beantwortet sei jene der Wahlpariserin Sigrid N., die entgeistert wissen will, ob das ernst gemeint sei, dass man von diesem Speck nur das Weiße esse, also das pure Fett? Ist es, werte Frau N., es heißt ja auch Lardo, was wir sehr leicht über das englische „lard", also „Fett, Schmalz" herleiten können und was uns wiederum zu einer gleichnamigen Band führt, deren schönes Lied „Forkboy" ich kürzlich nach Mitternacht im rhiz mit viel Zuspruch zur Aufführung brachte. Der Gabelbub passt mir auch thematisch gut ins Konzept, denn ich will diesmal eigentlich nur übers Essen reden. Fastenzeit: vorbei. Mein Horoskop sagt, es sei heute sowieso nicht mein Tag, ich solle mich bei Verhandlungen entschuldigen und das machen, was mir Freude bereite, und es macherte mir eine Freude, wenn ich, unter Beifügung von einem wengerl mildem Alkohol, ohne Unterlass essen könnte. Speckbrote. Lardobrote. Oder, wie die Waldviertler Marktfrau auf die Frage, wie man denn den weißen Speck da nenne, meinte: weißen Speck. Oder Speckspeck. Der Oberösterreicher nennt ihn Kübelspeck, hat es aber nicht so mit der Kräuter-Raffinesse bei seiner Herstellung, weil er serviert ihn eh mit dick darüber gestreutem Schnittlauch. Brauch ich nicht so.

Leider ist der Speckspeck aus. Die Speckjause hat hier in der Waldviertler Wochenend-WG eine so schöne Nachmittagstradition, dass man gar nicht so viel Speck im Eiskasten aufhäufen kann, wie sofort weggegessen wird. Das Gute ist, dass es davor ein Mittagessen gab und danach ein Abendessen geben wird, bei Kerzen- oder Gebrauchtwarenhändlerlichterkettenschein, je nachdem, ob wir bei den Horwaths essen oder bei uns. Letztes Mal, wie wir bei uns gegessen haben, ging mir beinahe das Besteck aus (weil das ersteigerte, typisch, nicht rechtzeitig geliefert worden war, der Gabelbub hatte wohl getrödelt) und vorübergehend standen sieben Erwachsene in unserer Küche und betrachteten versonnen ein großes, auf den Punkt gebratenes Stück Beiried. Wir vertrieben sie aber schnell, weil das große Stück Beiried wurde, nachdem es mit einer dicken Bärlauchschicht bedeckt und für kurze Zeit erneut in den Holzofen geschoben worden war, im Verbund mit einem Erdäpfelpüree und in Olivenöl gebratenem Wurzelgemüse am Tische in der lauschigen Laube tranchiert. Die Kinder kriegten automatisch Würstel und verzichteten überraschenderweise auf das Gemüse; wir wollten nicht, dass irgendwer das exorbitante Grün-Fleisch mit wäh und bäh beleidigte.

Was ich noch erzählen wollte: Unlängst habe ich, ich glaube, in der FAS, ein Tracey-Emin-Interview gelesen. Die Journalistin fragte Emin, ob sie sich denn mit dieser permanenten persönlichen Preisgabe in ihrer Kunst nicht „irrsinnig verletzlich“ mache. Tracey Emin antwortete: „Inwiefern?“

Ja. Haha.

Künftig will ich grantig sein

Weil unser verblendetes Kindsvolk unbedingt beim Wien-Marathon mitlaufen will (Kinderlauf, Medaille), dürfen wir nicht ins Waldviertel fahren. Nicht in der Scholle wühlen. Nicht am Lagerfeuer Wein trinken. Nicht den gruseligen Rohbau der Nachbarn hinter fette Platanen oder ins nächste Dorf imaginieren. Das von studierten Meteorologen versprochene schlechte Wetter, das diesen Umstand leichter verschmerzen ließe, bleibt aus: Die Sonne lacht am Freitag, die Sonne lacht am Samstag, also treffen wir uns, wenn wir schon in der Stadt sein müssen, wenigstens mit den Finks zum Mittagessen im Kent. Der Fink kommt zuerst und informiert uns gleich darüber, dass er jetzt ein neues Daseinskonzept hat, er will künftig grantig sein. Das ewige Lustigsein habe sich abgenutzt, fertig jetzt. Das macht mir keine großen Sorgen, weil im genetischen Bauplan vom Fink zwar vielerlei lustige Abweichungen von der humanoiden Standardverfasstheit vorgesehen sind, aber Grant gehört nicht dazu. Grant müsste der Fink sich in eigenen Grantkursen mühsam aneignen, dafür ist er zu alt und zu träge.

Dann kommt das Kind vom Fink mit der Frau Fink, die ist auch grantig, aber echt, und zwar aus zahlreichen überaus nachvollziehbaren Gründen, von denen, sage ich einmal, die meisten im Kontext ihres Zusammenlebens mit dem Fink stehen. Aber die Finks kennen wir schon so lange, dass das wurscht ist, wenn sie beim Mittagessen einmal grantig sind, und schließlich erleben die uns auch nicht immer sonnig; also mich schon, aber den Langen nicht. Der Lange hat das Grummelige nämlich im Unterschied zum Fink außerordentlich in der Genetik, wenn man nicht überhaupt vom Grummeligen als des Langen charakterlichem Fundament sprechen will.

Und schlimm ist es ja nur, wenn die immer sonnigen Paare bei so einem Essen plötzlich übereinander herfallen, sodass man den Wunsch, das Mittagessen ganz am WC zu verbringen, irgendwann gar nicht mehr unterdrücken kann. Bei den Finks und uns ist das nicht so. Wir sind einander gewohnt.

Alle essen das übliche, Omeletts, Hühnerspieße, Köfte mit Pommes, nur ich bin mutig genug, den neu angebotenen Mozarella-Salat zu testen. Davon kann ich jetzt abraten. Dann müssen die Finkin und das Finkkind zu einem Kindergeburtstag, also überantwortet die Fink dem Fink den Wochenendeinkauf. An dieser Stelle versucht es der Fink kurz mit seiner neuen Daseinsidee, findet aber in seiner Frau einen in dieser Hinsicht gut trainierten und unbezwingbaren Gegner. Die Finkin sagt: Zwiebeln, Essiggurkerl, Erdbeeren und Lammkoteletts. Der Fink entsinnt sich einer seiner Abweichungen und ruft: Wo um ALLES in der Welt soll ich jetzt noch LAMMKOTELETTS herbekommen? Wir befinden uns, zur Erinnerung, mitten am türkisch dominierten Brunnenmarkt. Das ist unser Fink, so haben wir ihn lieb; auch wenn die Finkin die Augen rollt, und mit was, mit Recht.

Make it beautiful now

Es war die Woche des Lebenswandelwandels. Zuerst deaktivierte ich mein Facebook-Konto, was von Facebook nicht akzeptiert wird. Ich werde offenbar weiter als ganz normales Mitglied geführt, allerdings als Arschloch, das mit allen seinen Freunden Schluss gemacht hat. Walter T. fragte bereits in einem traurigen Mail, warum ich ihn denn aus meiner Freundesliste entfernt habe. Habe ich nicht! Ich habe nur mich selbst entfernt; hat mich zu sehr abgelenkt.

Dann marschierte ich bei meinem Friseur ein. Friseur, sagte ich, künftig will ich glänzendes Haar. Ich will jetzt nicht mehr struppig sein. Mein Haar soll jetzt das Sonnenlicht zurückwerfen und in elastischen Naturwellen mein Antlitz umschmeicheln. Geht das?

Bei dem Friseur bin ich seit 15 Jahren. Ich fühle mich bei dem Friseur wohl. Er spielt schönen Countryfolk, während er meine Haare schneidet. Er tut, was ich will. Ich sage, so, so und so, und er schneidet so, so und so. Er quält mich nicht mit Styling-Tipps. Er ist taktvoll und erklärt mir nicht, was mir besser stehen würde, als so, so und so. Er sagt nicht, wie der Friseur der Schneebergerin, dass die Schneebergerin sich mehr pflegen sollte, langsam mal ein wengerl Sport machen, und einmal wöchentlich eine Haarkur, Minimum. Wenn mein Friseur irgendeine michbezügliche außercoiffeurliche Sorge hätte, dann wäre das höchstens etwas in der Art, ob ich eh genug trinke. Hat er aber nicht. Mit meinem Friseur rede ich über den Fink, das Waldviertel, die Kinder und die Konzerte, die man in nächster Zeit sehen sollte und nicht darüber, was für eine Frisur mir vielleicht besser stehen würde.

Und genau das problematisierte ich kürzlich im Zuge einer schlaflosen Nacht: Sollte ich andere Haare haben? Längere?

Elegantere? Und das vielleicht schon längst? Laufe ich seit Jahren mit falschen Haaren herum, weil mein Friseur so ein freundlicher, taktvoller Mensch ist? Sollte man einen Friseur haben, der einem fremde Frisuren, Haarpackungen und Styling-Tipps aufdrängt?

Ich ließ mir die Haare ein wenig wachsen. Ich erwog, einmal die Friseurin ums Eck aufzusuchen, die den Mimis die Haare schneidet und uns am Heimweg immer zuwinkt. Aber was, wenn das dann auch nicht passt? Hoppel ich dann reuig zu meinem alten Friseur zurück? Und muss dann jeden Tag einen Umweg machen, aus schlechtem Gewissen der netten Friseurin gegenüber?

Die Unübersichtlichkeit der Problemlage bewog mich letzten Mittwoch gegen neun dazu, mir die Haare selbst ein bissl zu schneiden. Gegen halb zehn rief ich meinen Friseur an und bekam einen Termin um drei. Erstens, sagte ich, ist mir ein kleinen Missgeschick passiert, und zweitens mach mir bitte glänzendes Haar, ich werde auch nicht mehr die Silikon-oder-was-Paste verwenden, die schon seit Jahren dein Misstrauen auf sich zieht. Mein Friseur sagte: Bitte gern, wie soll es sein? So, so und so, sagte ich, und wer ist das, der da so schön singt? Ah, okay.

Diese Sache können wir abhaken

Das Problem mit den Süßigkeitenverstecken im Kinderzimmer hat sich jetzt insofern für alle Zeiten erledigt, als in einem davon eine Fleischfliege ihr Nest gebaut und ein paar Dutzend Eier gelegt hat. Nachdem ich vor den Augen der Mimis ungefähr 40 fette und zum Glück noch nicht komplett flugtüchtige Fliegen erschlug, räumten die Mimis ihre diversen Geheimlager freiwillig aus; zumindest die, an die sie sich noch erinnern konnten. Die Liste der noch anstehenden Erziehungsaufgaben wurde also mit tatkräftiger Unterstützung der Natur um eine verkürzt. Einiges steht dagegen noch aus. Auf der Das-gewöhnen-wir-uns-ab-Seite: Nägelbeißen, Lügen, Stehlen, Zündeln, Jausenvollkornbrote gegen Milchschnitten tauschen, böswilliges sams- und sonntägliches Frühaufstehen, scharfkantige Legoteile unter den frisch pedikürten Sohlen der Eltern deponieren, vorsätzliches Hausaufgabenhefte vergessen, Kreischen auf dieser Mörderfrequenz. Auf der Das-lernen-wir-noch-Seite: regelmäßige Betätigung der Klospülung, Händewaschen, Zähneputzen, Gemüseessen, Zimmeraufräumen, Befehlebefolgen, mucksmäuschenstill am Rücksitz sitzen und die vorbeifliegende Natur bewundern, den guten Eltern stets dankbar sein.

Aber nicht nur die Fauna unterstützte die Erfüllung von Elternwünschen, auch der ORF. Leider ist Dancing Stars, das über die letzten Wochen in unserem Haushalt eine Blitz-Karriere als beliebtestes Druckmittel zur Durchsetzung von Forderungen machte, jetzt aus: mit befriedigendem Ergebnis für eins der Mimis und zum sehr großen Unmut des anderen, das es extrem unlogisch fand, dass Ramesh Nair nicht Dancing Star werden durfte, weil er tanzen konnte. Darum geht's doch, schimpfte das Mimi und malte dem aus einer Zeitung gerissenen Inder über seinem Bett gerade extra einen Heiligenschein. Gemein!

Ach, ja, gemein: Ich habe Sedlacek ein SMS geschickt, dann hat mir Sedlacek ein SMS geschickt. Das SMS war beleidigend. Das SMS war unheimlich beleidigend. Wahrscheinlich habe ich nie zuvor in meinem ganzen Leben ein beleidigenderes SMS bekommen, nicht einmal von Sedlack, der bekanntlich sehr nah an der Beleidigung gebaut ist. Aber dieses SMS war so unvorstellbar, ja obszön beleidigend, dass ich Sedlaceks nächste vierzig, nein, HUNDERTvierzig SMSe ignorieren werde. Und mindestens 200-mal hebe ich nicht ab. Ich freue mich richtig darauf, nicht abzuheben, eine Stricherlliste werde ich mir anlegen, weil ich unter keinen Umständen weniger als 200-mal nicht abheben werde, und vielleicht werde ich danach auf 300 erhöhen oder auf 350; genetische und astrologische Voraussetzungen ermöglichen mir das. Und ganz bestimmt werde ich Sedlacek nie, nie niemals wieder an seinem Geburtstag ins Telefon singen, wie an seinem letzten, wo er vor Rührung fast geschluchzt hat, das war das erste und letzte Mal, ja, ja, sagt ihm das ruhig, wenn ihr ihn seht, ist mir völlig wurscht.

Let there be rock, wenn du mich fragst

Der Lange liegt mit dem kranken Mimi im Bett und zeigt ihm am Laptop AC/DC-Videos. Das Kind wirkt so glücklich, wie ich es von unseren Kindern, wenn sie ein AC/DC-Video sehen, erwarte, und will nun doch Gitarre lernen. Das ist gut; denn wenn sie im Herbst Gitarrenunterricht nehmen, muss ich nicht mehr mit dem schlechten Gewissen leben, dass ich meine Kinder vor allem zum Fußball und zum Judo schicke. Statt mich um die Förderung ihres musischen Talents zu kümmern, wie es gute, verantwortungsvolle Eltern tun würden, und zwar egal, ob in ihrem Kind ein musisches Talent verborgen liegt oder nicht. Und ich hätte ja gerne, dass die Mimis ein, zwei und dann vielleicht sieben Instrumente beherrschen, dass sie irgendwann virtuos Klavier oder in einem Orchester spielen können. Aber damit sie irgendwann virtuos Klavier spielen können, müsste ich sie schon jetzt jeden Tag vom Spielen, Fußballen, Klettern, Balgen und Herumdüsen abhalten, und stattdessen mit ihnen das Instrument üben. Ich finde aber, dass siebenjährige Kinder ihre Nachmittage lieber mit Herumgespiele und sozialer Interaktion verbringen sollen als mit konzentriertem Lernen und Üben, nur führt es halt wahrscheinlich dazu, dass sie keine Konzertpianisten werden. Allerdings können sie sich von ihrem Vater abschauen, dass es komplett unnötig ist, ein Instrument zu beherrschen oder auch nur singen zu können, um Frontman einer Band zu werden und wiederholt Tonträger zu veröffentlichen; ja, dass zu große Kunstfertigkeit am Instrument im Gegenteil den Geist des Rock`n`Roll übel kontaminiert, wie der Lange gerne predigt. Oder hat man am Konservatorium je die Hells Bells erklingen hören? Eben. Es hat alles zwei Seiten.

Weil ich gerade die Zahl sieben erwähnte. Es naht das Wiegenfest der Mimis, und was ist? Am Tag der Feierlichkeiten, die dieses Jahr in einem Freibad stattfinden sollen, ist mit schweren Stürmen und Temperaturen unter zwanzig Grad zu rechnen. Das heißt, dass ich in der Wohnung Platz für ca. 22 Kinder plus ihre Erziehungsberechtigten schaffen muss. Wobei, das geht alles noch, richtig schwierig wird es, dann den heiteren und gelassenen Eindruck zu erwecken, den man von einer alltagsgestählten Mutter während der Party ihrer eh nur zwei Kinder erwartet, und leider sollte sie dabei nicht lallen. Und nicht mit ihrem Lebensgefährten streiten, was sich im Kinderpartystress gerne aufdrängt, wenn der Lange schließlich findet, er habe nun genug geschuftet, sich auf seine Kernkompetenz besinnt und mit den anderen Vätern beim Bier lustig plaudert. Die Eltern, die uns davor noch nicht gekannt haben, werden am Heimweg finden, dass der Vater ein heiterer und gelassener Kerl ist, aber die Mutter stresst leider entsetzlich, und hat die nicht gelallt? Die hat doch gelallt! I´m directly on the highway to hell, aber das ist jetzt auch nichts Neues.

Scheiße, ich bin schon wieder tot

Fk Super Mario. Die aktuelle Niederlage im meinem niederlagsreichen Leben. Das kann ich nämlich auch nicht, wie ich Sudoku nicht kann, und den Zauberwürfel nicht. Die Mimis, und das sind die einzigen Konversationen, die wir derzeit mit ihnen führen, versuchen eh, es mir zu erklären: Da musst du hüpfen, das musst du kriegen, da, pack es, neeeeiiiiiiin! Wieder keine zwei Leben erwischt, wieder kein Riese geworden, wieder nicht alles niedertrampeln dürfen. Wieder tot. Auch Super Mario ist nichts für mich.

Und Nintendos sind nichts für Kinder: Seit die Mimis je einen besitzen, weiß ich das noch besser. Nintendos sind etwas für Erwachsene, weil die sich nämlich, wie wir schon bei der Mimi-Geburtstagsparty feststellen konnten, in Ruhe alkoholisieren und anderen Erwachsenensachen widmen können, während sich alle Kinder in Trauben um die zwei oder drei versammeln, die auf einem Nintendo herumdrücken. Sie sehen dabei weit weniger intelligent aus, als wenn sie jetzt zum Beispiel eine Sandburg bauen; auch das weiß ich genau, denn davor waren wir mit der ganzen Party-Partie am Spielplatz. Einem kleinen Spielplatz. Die Siebenjährigen stellten sich an den Rand der Sandkiste und sprachen: Entschuldigung, aber was mache ich hier? Du spielst. Du meinst, ich soll da reingehen und mich schmutzig machen wie ein Kleinkind? Das wäre eine Möglichkeit; wir können aber auch Topfklopfen. Die Siebenjährigen starrten mich mit einem Was-will-die-Geisteskranke?-Blick an, weil Topfklopfen, Entschuldigung, babyischer geht's ja wohl nicht. Rück die Süßigkeiten einfach so raus; und holst du bitte die Nintendos herunter? Nein. Dann gib den Topf her, wir brauchen Wasser, wir müssen den Dings einbetonieren. Bitte gern. Es wurde eine ausgefieselt schöne Sandburg, mit Wassergräben und Türmen und statisch einwandfreien Tunneln, und zwar völlig ohne mein Zutun.

Seit danach sind die Mimis praktisch nicht mehr da: Sie sitzen abwesend auf dem Sofa und sprechen mit ihren Computern. Jetzt geh da! Juchuuu! Scheiße, ich bin schon wieder tot! Es ist beängstigend, aber der Plan geht so: Eine Woche spielen sie, so viel sie wollen, danach brutales Reglement. Selbstverständlich hegte ich die Illusion, dass meine Kinder, meine Kinder nämlich, das Gerät schon nach wenigen Stunden weglegen und bekannt geben würden, das werde ihnen jetzt allmählich zu blöd, sie wöllerten nun wieder etwas Kreatives tun. Passiert natürlich überhaupt nicht, und wieso auch, sie entstammen schließlich einer Klein-Dynastie von Computernerds und Süchtlern, denen das Talent zur Mäßigung nicht gegeben ist. Also zum Beispiel ihre Mutter musste sich mit schmerzhaften Schnitten zuerst vom Rauchen und danach vom Facebook abschneiden, weil ein bisschen geht einfach nicht. Es geht nur volle. Bis Mittwoch noch, Mimis. Dann will ich eure Gesichter wieder sehen, auch wenn sie schmerzverzerrt sein werden.

Keine Angst, der bellt nur

Die 85-jährige Nachbarin aus dem ersten Stock fragt mich, ob sie dem Langen etwas getan hat. Oder ob der Lange sie leicht nicht mag. Nicht dass ich wüsste. Weil immer, sagt die Nachbarin, grüßt sie den Langen freundlich und immer brummt der nur unfreundlich zurück.

Ah ja. Kenn ich schon. Schon wieder nichts Neues in meinem Leben. Der meint das gar nicht so, erkläre ich der Nachbarin, der ist einfach so, der kann nicht anders, das Grummelige liegt dem in der Natur. Wenn der ganz normal aufgelegt ist, wirkt das auf andere so, als sei er auf dem Weg zu einer Bluttat, und wenn er glücklich ist, erkennt man das an dem leicht depressiven Zug um seinen Mund. Und das Brummen, das er Ihnen aus dem Gestrüpp seiner Kinnregion schickt, bedeutet: Ihnen auch einen schönen guten Morgen, liebe Frau Weiß, ist es nicht ein herrlicher Tag?

Eins der Kinder hat das auch. Klarer Fall von Vererbung. Grundstimmung: ruppig, muffig, spröde, mit viel Ausbau-Potenzial ins Saugrantige. Aber sonst sehr lieb eigentlich. Ich weiß noch nicht, wie ich das Kind beim Abreagieren unterstützen soll: Der Lange hat jetzt eine Spitzhacke, aber für eine Siebenjährige ist das suboptimal. Eine Freundin probierts bei ihrem ähnlich veranlagten Kind mit Lach-Yoga, aber ich bin ja eher nicht so yoga-affin. Wenn es bei anderen wirkt, toll; bei mir greift das nicht. Der Lange reflektiert auch wenig auf meditative Selbstkalmierungstechniken, jetzt einmal abgesehen von abendlichen Naturbetrachtungen bei Bier. (Immerhin, dabei entdeckt der Lange viel Schönes: Kinder, kommt schnell, schaut, da drüben ist ein Wildschwein! Wo. Da, da drüben, am Waldrand! Wo. DAS BRAUNE DA, GENAU VIS-A-VIS, KRUZIFIX! Das ist ein Hund. DAS IST KEIN

HUND, SEIDS IHR ALLE KOMPLETT BLIND!? Papa, das ist ein Hund, hörst du?, jetzt bellt er. Grummel, brumm.)

Nicht nur aufgrund einer vom Langen strikt ignorierten Sehschwäche begrüße ich es, dass er nun die Spitzhacke als sein neues Lebenswerkzeug entdeckt hat. Viel besser, der Lange reagiert sich mit der Spitzhacke ab als mit der Kettensäge. Man kann sich zwar auch mit einer Spitzhacke wehtun, aber mit der Kettensäge effizienter. Die Kettensäge steht in des Langen Werkzeug-Rangliste jetzt zum Glück auf Platz drei, erstens Spitzhacke, zweitens Danelectro, drittens Stihl, was mich stark beruhigt, weil ich zehndäumige Doppellinkshänder mit rustikalem Charakter und ohne nennenswertes Talent im Technischen plus Kettensäge für eine relativ erhebliche Gefahr für Leib, Leben, Haus und Garten halte. Mit der Spitzhacke dagegen hat er jetzt schon zwölf Thujen-Wurzeln und einen einbetonierten Zaun aus der Erde gehauen und den Weg zum Schuppen mit Steinen gepflastert, das tut ihm richtig, richtig gut: Ich sehs an dem leicht depressiven Zug um seinen Mund. Wenn wir jetzt noch dem Kind sein Werkzeug finden, werden wir noch eine richtig fröhliche Famile, passt's auf.

Palmetshofer steherte relativ weit oben

Wie ich ihr damals von der Kottan-Premiere erzählt habe, hat die Anna gesagt: Kottan. Soso. In so ein Theater kannst du also gehen. Ich sagte, ich war wegen der Schretzmayer dort. Und wegen den Rabenhofern, aber das trübe soso von der Anna hat trotzdem ziemlich gut verfangen. Ich sagte, okay, stimmt, ich gehe also mit dir jetzt einmal in ein richtiges Erwachsenentheater, such uns eins aus.

Die Anna, die sich mit dem Theater auskennt, hat uns eins ausgesucht, nicht zu lang, Brit-Regenten-frei, modern, und zwar derart modern, dass sich nicht einmal jemand auf der Bühne mehr ausziehen musste: Ewald Palmetshofers „Faust hat Hunger und verschluckt sich an einer Grete" im Schauspielhaus. Einer kam mir bekannt vor. Ich habe gesagt, der da, den kenn ich, den habe ich schon einmal gesehen, ich glaube, in „Karlsson vom Dach". Es war aber die lustige Frucade-Werbung.

Erstens weiß ich jetzt, wer das ist.

Zweitens, um es auf Facebookisch zu sagen: Doris Knecht gefällt Ewald Palmetshofer. Falls ich je gezwungen würde, eine Liste junger Männer unter 35 zu verfertigen, denen ich zutrauerte, dass sie die Welt retten können oder zumindest die Kultur des deutschsprachigen Raums, Palmetshofer steherte relativ weit oben.

Denn drittens schreibt dieser Palmetshofer Theater, bei dem ich meinen Hintern vergesse, kann mich nicht erinnern, dass das vorher einer geschafft hat.

Viertens weiß Palmetshofer erstaunliche Dinge über die Gegenwart. Über Paare. Über Frauen und ihre Körper. Für sein Alter.

Fünftens aber lehrt uns Palmetshofer, dass wir falsch daran tun, unsere Kinder mit Verb-Zwänglerei zu quälen. Vielleicht haben Palmetshofer seine eigenen, luschen Eltern nie korrigiert oder er hat das ständige, brutale Korrigiertwerden seiner eigenen, autoritären Eltern in einer radikalen Verb-Aversion verinnerlicht, auf alle Fälle kann man, zeigt uns Palmetshofer, auch verbfrei ein gutes, glückliches, künstlerisch wertvolles Leben. Das Verb, vor allem das Hilfszeitwort, so lernen wir von Palmetshofer, ist exorbitant überbewertet. Wir sollten unsere Kinder unbedingt unterstützen beim unvollständigen Sprechen: Darf ich barfuß? Kann ich einen Kakao? Keine vielelternstimmigen GEHEN!- und HABEN!-Chöre mehr, aus!!! JA sagen, BRAVO! rufen, denn das verbsparende Sprechen ist vielleicht ihre Eintrittskarte in eine erfolgreiche Autoren- und Künstlerexistenz.

Sechstens zeigt uns auch dieses Beispiel wieder, dass sich noch die höchste Kunst auf's banalste Private herunterbrechen, tief in die Alltagssoße tunken oder überhaupt mit dem primitivsten Privaten erst zuverlässig deuten lässt. Oder dass alles Künstlerische sowieso auch nur privat. Und alles Private wahrscheinlich schon Kunst. Und auch wenn das Ende der Theatersaison definitv der falsche Moment dafür ist, aber diesen Palmetshofer, den sollte man sich unbedingt.

Ihr braucht gar nicht schauen, ist nichts drin

Leser N. macht mich in etwas bitterem Ton darauf aufmerksam, dass übrigens des verbfreie Sprechen schon vor Jahren von einem gewissen Wolf Haas in den Rang der Literatur erhoben wurde. Ja, eh! Und nicht, dass man das damals nicht schon adjektivreich gewürdigt hätte! Allerdings war man da noch nicht von Kinderrudeln umzingelt, die einen durch kollektiven aggressiven Verbverzicht in ein Oberlehrerklischee verwandeln, das den Rotstift praktisch permanent im Munde führt. Was jetzt zugegebenermaßen eine Metapher ist, die ein wengerl Rotstift vertragen könnte. Aber ich kann nichts dafür. Denn während die Kinder nur ein paar Wörter auslassen, möchte ich jetzt gern einmal eine Zeit lang auf alle Wörter verzichten, weil ich, wie ich unlängst beim Längenabarbeiten im Stadthallenbad überschlug, seit letztem Juli ungefähr 330 Texte geschrieben habe, aus insgesamt so circa 145 000 Wörtern. Ich bin ausgeschrieben, völlig leer. Da ist nichts mehr drin. Und das ist, auch wenn Sie wegen pflichtschuldigsten Vorarbeitens nichts davon merken, der letzte Text für zwei Wochen, ich mache jetzt Ferien. Fe.Ri.En. Ich schreibe jetzt 14 Tage lang gar nichts, nicht einmal einen Einkaufszettel. Nichts, habe ich gesagt.

Obwohl, das sage ich immer, und am Schluss verderben sich viele Leute die Augen bei der Lektüre von Ansichtskarten, die eine Frau, von der sie seit einem Jahr nichts gehört haben, in winziger Psychopathenschrift mit einem 0,18er Rotring vollgekritzelt hat, und zwar weit über den Strich hinaus, unter dem die Post das Beschriften bei Strafe verboten hat. Das Gekritzel materialisiert sich zu elegischen Betrachtungen exotischer Gerichte und pointierten kleinen Schwänken zu den lokalen Bräuchen, was einen gewissen Reiz hatte, als der

Lange und ich noch in entlegenen Teilen der Welt herumwunderten und die lokalen Alkoholika verkosteten. Seit wir jedes Jahr am selben kroatischen Ort im selben Haus mit denselben Horwaths unter demselben Olivenbaum dieselbe Aussicht auf denselben Meerausschnitt genießen (genießen: ein grausiges Wort, aber ich bin so fertig, mir fällt kein besseres mehr ein) und in derselben Bar das gleiche Karlovacko trinken, hat die Sache für das pt. Publikum möglicherweise ein Alzerl an Reiz verloren.

Aber heuer ist das egal, heuer wird das nicht passieren, weil heuer werde ich im Urlaub keine einzige Zeile schreiben. Kein Wort. Und keine einzige Zeitung lesen. Es wird mich null interessieren, was in Österreich und in der Welt passiert, und ich werde nicht einmal die Idee einer Meinung dazu haben, mir völlig egal. Und ihr brauchts gar nicht in die Post schauen, ist nichts drin. Ich werde auf dem Wasser liegen und leer und immer leerer werden und ins Blaue schauen, bis ich nichts mehr sehe. So wird das sein, und gut wird es sein, ja.

Warum ich nicht mehr bei Facebook bin

Weil ich einmal in der Nacht richtig lange wach lag. Ich lag wach und verschob Sorgen. Draußen ging's schon los mit dem Getrillere. Die Sorgen wurden nicht weniger durchs Herumgeschiebe. Es fängt übrigens immer der unmusikalischste Vogel mit dem Gelärm an, furchtbares, völlig dissonantes Gequietsche, erinnert ein bissl an den frühen Kurzmann in den Neunzehnneunzigerjahren. Alle anderen spielten schöne Harmonien oder ließen die Walls of Sound tuschen, und Kurzmann ließ die Tröte in ihrer unmittelbaren Dringlichkeit sprechen. Mit Kurzmann war ich dann facebookmäßig auch wieder befreundet, ich konnte sehen, wo und mit wem er sich gerade in der Welt herumtreibt, immer noch gern im Beisein eines Saxophons. Als ich ihn letztes Mal, irgendwann im Winter, einmal spielen hörte, klang es aber richtig schön; möglicherweise hat mein musikalisches Harmoniebedürfnis eine Entwicklung oder Umorientierung erfahren und den ersten Vogel Kurzmann jetzt unter „Wohlklang" abgespeichert. Ich weiß nicht. Den konkreten ersten Vogel in den Bäumen jedenfalls nicht. Grundgütiger, was für ein Versager. Was so pfeift, sollte lieber kein Vogel werden. Ich meine, finden das die anderen Vögel akzeptabel? Als Wecker wohl schon, denn kaum hat der erste Vogel seine ersten, furchtbaren Töne in die Welt getrötet, setzen sofort die talentierteren ein; vermutlich, um ihn zu übertönen.

Das war einerseits natürlich nett, einen wie den Kurzmann wieder präsent zu haben. Sehen, was der so macht. Nicht, dass es wichtig wäre. Und nicht, dass es wichtig wäre, irgendwelchen anderen bei irgendwas zuzusehen. Man macht es aber. Ich hatte 789 Freunde. Ich kannte ihre Kinder und ihre Katzen. Ich war bei ihrer Arbeit dabei, bei ihren Partys, bei ihren Hochzeiten, bei den Hochzeiten ihrer Freunde, bei den Scheidungen ihrer Eltern, und, Himmel, bei ihren Geburten. Ich fühlte mich wie ein Spanner, wenngleich ein eingeladener. Trotzdem: Geht's mich was an? Und bringt's mir was? Nix. Plus: Man kommt dann ja zu nichts mehr. Bespitzeln Sie einmal 789 Leute, daneben gehen sich zwei Kinder, zwei Haushalte und zwei Erwerbsarbeiten knapp nicht mehr aus. Das setzt einen insgesamt so unter Stress, dass man den ersten Vogel, den Trottel, dann immer öfter hört. Vor allem, wenn einem klar wird, dass die alle zurückspannen. 789 Menschen in meinem Nacken, die mir zuschauen, wie ich mit meinen echten Freunden parliere, und 699 von denen kenne ich nicht einmal. Ich meine, ich exponiere mich schon so genug; und wen das interessiert, der soll den *Falter* kaufen. Ich mach' mich ja nicht gratis zum Idioten. Und ich bin in Wirklichkeit schüchtern, fragen Sie meine echten Freunde.

Bin ich raus aus dem Bett und habe im Morgengrauen meinen Account gelöscht. Es fühlte sich befreiend an, und zwei Monate später tut es das immer noch. Den ersten Vogel habe ich jetzt schon ewig nicht gehört.

Ich bin eigentlich mehr der Ufer-Typ

Um sieben Uhr früh sitze ich mit einer Tasse Kaffee auf einer steinernen Treppe und schaue hinaus auf's Meer. Die Kinder schlafen noch. Das Meer ist unvorstellbar blau. Es ist still, nur die Zikaden brüllen in den Föhren und weit draußen tuckert ein Fischer vorbei. Von rechts nähert sich ein schlankes Ruderboot mit einer langen, dürren Gestalt darin. „Guten Morgen", sage ich. „Guten Morgen", sagt der Xaver. „Wo ruderst du hin", sage ich. „Steig ein und finde es heraus", sagt der Xaver.

Sie kennen den Xaver von daher, dass ich einmal mit einer goldenen Heugabel seine Wiese geheut und dabei mit ihm über Dylan und dergleichen geredet habe. Während ich jetzt mit meiner Kaffeetasse vor dem Xaver in seinem Faltboot sitze und mich der Sonne entgegenrudern lasse, erzählt der Xaver meinem Rücken, wo er und der Gery mit dem Boot schon überall waren. Einmal waren sie auf Teneriffa und haben in der Morgendämmerung nach Gomera hinübergeschaut. Der Xaver sagt, er hat gesagt, dass das höchstens 25 Kilometer sind, das packen sie in nicht einmal zwei Stunden. Der Gery, sagt der Xaver, hat genickt, wie es so die Art vom Gery ist, du kennst ihn ja. Ja. Also sind sie, sagt der Xaver, in das Boot gestiegen, mit einer Orange und einer Flasche Wasser. Wie es wieder dunkel geworden ist, hatten sie Gomera immer noch nicht erreicht und erst wie es schon ganz dunkel war, gelangten sie irgendwie an Land. Normal wären der Gery und ich jetzt tot, sagt der Xaver, und dass er das Faltboot danach drei Jahre nicht mehr zusammengebaut hat. Wann war das?, sage ich. Wart, sagt der Xaver, ich glaube, 1996. Aha, sage ich. Was ist das für eine Insel dort drüben, die mit dem Leuchtturm?, fragt der Xaver und deutet mit dem Paddel auf eine dunstige Erhebung am Horizont. Unbewohnt, soviel ich weiß, sage ich, soll einen schönen Sandstrand haben. Schauen wir sie uns an, sagt der Xaver, in einer halben, höchstens einer dreiviertel Stunde sind wir drüben. Ich denke, ich sollte einmal nachsehen, ob die Kinder schon wach sind und Hunger haben, sage ich. Na gut, sagt der Xaver, dann vielleicht morgen. Ja, morgen vielleicht, sage ich.

Ich bin aber nicht mehr in das Boot eingestiegen. Der Xaver hat irgendwann ein winziges Segel daran befestigt und ist um das Kap gesegelt, aber ohne mich. Ich habs nicht so mit Booten. Oder mit Abenteuern. Das Schlauchboot der Kinder, ja, passt, bissl über die Kindergeschreigrenze rudern, bissl in den Himmel schauen, perfekt, aber sonst ist Ufer als solches für mich absolut ausreichend. Am besten um sieben Uhr früh, wenn es ganz still ist.

Jetzt: The weißbrotfaced Woman ist wieder da. Zwei Wochen makelloser Strandurlaub, nothing to write home about. Das dachten sich auch die Kinder, die der Oma in der Autobahnraststätte Gralla mit erheblichem Widerwillen noch schnell eine Karte schrieben. „Liebe Oma, ich war in Krowazien. Mimi 1." „Ich auch. Mimi 2." Brav, Kinder, und JAAA!, die Belohnung kriegt ihr dann.

Man muss sich ja alles selber machen

Letzte Woche habe ich irgendwo gelesen, ich sei für Boote ungeeignet und hätte es mehr mit Ufern an und für sich, dafür nicht mit Abenteuern. Mei. Kompletter, völlig daherfantasierter Schwachsinn, bitte. Erst diesen Samstag bin ich in einem schmalen Polyethylen-Boot zwölf Kilometer den stark wasserführenden Kamp hinabgepaddelt, von Steinegg bis Rosenburg, es gibt dafür zuverlässige Zeugen. Boote sind nämlich toll, und fester Boden unter den Füßen wird stark überschätzt. Das Paddeln war lässig, bis auf den Anfang, als ich es lernen musste und relativ sicher war, dass man mich nachher tot aus dem Fluss fischen würde. Ging dann aber gut. Das Ufer sah schön aus, so von der Flussmitte aus, einsam, waldig, tiefgrün. Fische sprangen. Enten flogen auf. Eisvögel querten. Umgestürzte Weiden ragten ins Wasser. Der Polz erwischte eine, kippte um und verlor sein Boot, der Lampl hat es dann gerade noch erwischt. Und: Ich kippte nicht. Ich konnte es einigermaßen. Ich drehte mich einmal im Kreis und rammte ein paar Felsen, aber ich blieb oben. Das Boot und ich, wir konnten miteinander, und was lernen wir daraus: Irgendwann hat man das Alter erreicht, da kann einen eigentlich nichts mehr überraschen. Überrascht man sich halt selber.

Man weilt wieder im idyllischen Waldviertel. Es ist sehr schön. Jeden Morgen, Punkt sechs, wirft einer der Nachbarn seine Motorsense an, und mäht ein großes Stück seiner Wiese. Wenn er irgendwo hängen bleibt, brüllt er. HUR! DRECKIGE HUR! So wacht man gerne auf. Um halb sieben pumpert der Nachbarsbub an die Tür, weil er ist schon lange wach und findet, wir sollten das auch sein. Wenn der Nachbarsbub einmal da ist, bleibt er das, bis es dunkel ist oder man neue Gesetze erlassen hat. Neue Regel, Stefan, sage ich, du kommst nicht vor zehn und gehst um sieben, Mittagessen, Jause, zwei Eis inklusive, und wenns sein muss, nehme ich dich auch mit zum Baden, aber vor zehn kommst du nicht. Der Nachbarsbub akzeptiert ohne Murren und sitzt dann ab neun in unserer Schaukel und spielt Nintendo, bis ihn jemand erlöst, worauf er meldet, dass sein Frühstück jetzt schon lange her ist und er nun tüchtig Hunger hat. Das ist so zuverlässig wie der Steuerbescheid, außer die Horwaths sind da, dann geht er zum kleinen Horwath, der ihn zwar gerne ein wenig schikaniert, aber immer noch besser als mit Mädchen spielen. Außerdem nimmt ihm dort niemand seinen Nintendo weg. Wenn keines von den Wiener Kindern da ist, spielt er 16 Stunden am Tag. Er SPRICHT mit dem Nintendo, und, wenn er einmal aus irgendeinem Grund Nintendo-Verbot hat, ersatzweise mit der Gebrauchsanleitung. Mit diesen Augen habe ich es gesehen.

Unseren medial vergleichsweise unverwöhnten Kindern aber zeigte der Lange auf deren ausdrücklichen Wunsch Michael Jacksons „Thriller"-Video. Danach hatten wir sie drei Nächte bei uns im Bett. Das machen wir nicht mehr.

Du kannst natürlich Nein sagen, überhaupt kein Problem

Der Lange ist nach insgesamt 18 Stunden geflüchtet; hat sich ins Auto gesetzt und ist bis auf Weiteres nach Wien gefahren. 18 Stunden sind heldenhaft, 18 Stunden sind entschieden mehr, als ich ihm zugetraut habe. Ich habe gesagt, Folgendes, sie kommen irgendwann am Nachmittag, dann ist eh erstmal Hausumbauen, Kuchen, Prosecco und Bekannte ausrichten. Am Abend Grillage, und am nächsten Tag hast du, sagen wir, um zehn einen Termin in Wien. Der Lange hielt dann aber viel länger durch und verabschiedete sich erst am Abend, da aber mit Halleluja.

Ursprünglich ausgemacht war: Meine zwei Schwestern kommen mit ihren je zwei Kindern, also zu sechst. War dann aber schon seit Wochen ein Gestöhne am Telefon: „Phhh, so ein weiter Weg von Vorarlberg zu dir, und das mit den Kindern." „Ich weiß, ich bin in den letzten sieben Jahren im Zug mit zwei kleinen Kindern, lass mich kurz überschlagen, 25 Mal hin und 25 Mal retour gefahren." „Jaja, aber du bist es ja gewohnt. Es wäre jedenfalls viel einfacher, wenn man mit dem Zug ins Waldviertel fahren könnte. Mit den vier Kindern hinten im Auto, das wird furchtbar. Mit dem Zug wärs ÜBERHAUPT kein Problem." „Ich weiß, deswegen wart ihr, lass mich kurz überschlagen, in den letzten Jahren genau – Moment – einmal bei mir in Wien." „Entschuldigung, wir hatten halt keine Zeit." „Ja, eh, für eine voll erwerbstätige Freiberuflerin wie mich ist es ja leicht, immer wieder tage- und wochenlang woanders zu sein, für zwei Hausfrauen dagegen, gar nicht auszudenken, wie eure Häuser ausschauen werden, wenn ihr sie drei Tage lang nicht gesaugt, und wie eure Männer, wenn ihr ihnen drei Tage lang nicht die Hemden gebügelt habt." „Lustig." „Ja, ich freue mich auch total auf euch."

Vor einer Woche haben sie mir ein Mail geschickt. Also, sie können praktisch nicht mehr schlafen, vor lauter Horror vor dieser endlosen Autofahrt, und die Eltern wollten doch eh auch demnächst einmal wieder kommen, und jetzt haben sie sich gedacht, wenn die gleich mitkämen, dann könnte man die Kinder auf zwei Autos aufteilen, das wäre unendlich viel einfacher, und es wäre doch so super, wenn wir wieder mal alle ein paar Tage beeinander wären, und sie haben auch schon in der Pension da bei uns im Ort angerufen, die haben noch Zimmer frei, aber man könnte sich auch so, so und so im Haus verteilen, alles überhaupt kein Problem, und der Opa mit den Kindern, da sind wir doch alle super entlastet, ich soll mir das doch überlegen und ich kann natürlich auch Nein sagen, selbstverständlich, überhaupt keine Sache, wenn ich Nein sage.

Ja, sicher. Nicht einmal die Schottermizzi oder Dieter Bohlen könnten Nein sagen, wenn man ihnen mit so einem Vortrag kommt. Jetzt sind sie alle da, und wir bestaunen die interessanten Effekte, die beim Zusammenprall von einem Wiener und drei Vorarlberger Lebensstilen in einem Haus entstehen. Gut ist, dass wir genug Alkohol im Keller haben, und ja, er geht zügig weg.

Wartet, ich bin gleich wieder da

Die Frage, ob man alle Kinder mögen muss, wird täglich virulenter. Es ist kurz nach neun, draußen auf der Schaukel sitzt der Nachbarsbub, spielt Nintendo und wartet, dass sich einer erbarmt. Wenn sich einer erbarmt haben wird, pickt er bei uns, bis wir ihn abends heimschicken. Es macht ihm nichts aus, wenn Gäste da sind. Er gibt, das sind die Regeln, den Nintendo ab, hält ersatzweise kenntnisreiche Vorträge über Super Mario, Mario Kart und Mario Party und erkundigt sich periodisch, wann es endlich wieder etwas zu essen gibt. Wenn es endlich wieder etwas zu essen gibt, nimmt er sich von den acht Marmeladebroten sechs und schöpft sich zwei Mal nach, bevor die anderen Kinder auch nur einen halben Teller gegessen haben. Er sagt nicht Bitte und nicht Danke, aber vorgestern beim Mittagessen meinte er während der dritten Portion Spaghetti bolognese, dass er so eine Soße bisher nur einmal schlechter gegessen hat, und zwar letztes Jahr im Burgenland. Bei einem niedlichen Kind wäre das möglicherweise, nun ja, niedlich. Der Nachbarsbub ist kein niedliches Kind. Einmal setzte er sich bei uns uneingeladen zum Abendessen und verfiel beim Coq au Vin in ein derartiges Weah und Würg und dass das die grausigste Soße sei, die er je gegessen habe, dass ich ein wenig ausfällig wurde. Naja, sehr ausfällig, jedenfalls entschuldigte ich mich danach bei ihm. Der Nachbarsbub verzieh mir großzügig und brachte mir anderntags ein von seiner Mutter handgeschriebenes Rezept einer anständigen Champignonsoße mit, mit zwei Rindssuppenwürfeln und einem halben Liter Schlagobers.

Wenn wir mit den Kindern ins Schwimmbad oder an den See fahren wollen, verschwindet er für zwanzig Sekunden, und kommt dann wieder mit einem Handtuch, einer Badehose und der Information, seine Mutter hätte erlaubt, dass wir ihn mitnehmen, wenn wir gut auf ihn aufpassen. Ob wir Lust haben, ihn mitzunehmen, auf ihn aufzupassen, ihn mit Sonnencreme einzuschmieren und ihm ein Eis und Pommes zu kaufen, interessiert hier niemanden.

Die Mutter erscheint alle vier oder fünf Tage, jeweils kurz nachdem der Nachbarsbub seine drei Mittagsportionen gegesssen hat, um mitzuteilen, dass sie ihrem Buben jetzt etwas gekocht hat. Wir sagen ihr wie immer, dass der Bub schon gegessen hat. Sie sagt, aha, dann geht der Nachbarsbub mit hinüber, um endlich wieder einmal etwas Anständiges in den Magen zu bekommen. Eine Viertelstunde später ist er wieder da. Gestern nutzten wir diese Viertelstunde, um heimlich ohne ihn ins Bad zu fahren. Nach einer halben Stunde ruft die Horwathin an, ob wir schon im Bad sind, sie kommen jetzt auch, fahren danach aber weiter zu einem Heurigen, ob wir bitte den Nachbarsbub vom Bad mit heim nehmen können, der ist nämlich vorhin aufgetaucht und geht sich jetzt nur schnell ein Handtuch und eine Badehose holen. Ich muss die Regeln ändern, sonst geschieht hier eine Straftat.

Ich hätte vielleicht nicht so lange schlafen sollen

Der Nachbar ist fertig mit Wiese sensen, jetzt verputzt er von morgens früh bis abends spät sein Haus und hat auch damit nichts als Probleme. HUR! Meine Sippe ist schon wieder weg: was, HUR!, ernsthaft schade ist, denn der Besuch war sehr viel netter, als die Wirren der Vorbereitung es vermuten hatten lassen. Zudem festigte er die Kinder in ihrer politischen Sozialisation; denn um eine Verlängerung des Aufenthalts zu ertrotzen, gründeten sie eine Lobby; organisierter Widerstand in seiner unschuldigsten Form, mit Parolen, Plakaten und Sprechchören. *Wer so weit fährt, bleibt länger da! Auch Kinder haben ein Recht auf Verwandtschaft! Wir! Bleiben! Hier! Sie! Bleiben! Hier! Wir! Bleiben! Hier!* Selbstverständlich fiel ich meinen Schwestern in den Rücken, die diese geballte Renitenz hinter ihren Prosecco-Gläsern zu ignorieren trachteten, um ihre eigenen Interessen durchzusetzen, nämlich den prognostizierten Regentag zur Heimreise in ihre staubentstellten Häuser zu nutzen: Querulantismus, meine Kernkompetenz, bitte.

Das muss man doch unterstützen, rief ich. Entschuldigung, Schwestern, habe ich gesagt, wenn ihr das jetzt abwürgt, könnt ihr euren Kindern gleich das Rückgrat herausoperieren, dann seid IHR Schuld, wenn aus ihnen devote Duckmäuser werden, mutlose, apathische Befehlsempfänger, unfähig, ihren legitimen Forderungen Gehör zu verschaffen! Stimmt!, riefen die Kinder. Wenn ihr ihnen dieses erste gemeinschaftliche, solidarische Dagegensein, diesen Mut zum Einspruch jetzt zum Misserfolg macht, prägt das ihre Zukunft! Ihr macht sie schwach! Ihr macht sie klein! Ihr macht sie feig! Das könnt ihr doch nicht wollen. Ja!, riefen die Großeltern! Na gut, seufzten die Schwestern. Gib mir fünf!, brüllten die Kinder.

Allerdings hätte ich am nächsten Tag nicht so lange schlafen sollen, denn anders als tags zuvor, als ich, kein Scheiß, um 9.21 Uhr in der Früh von Sektkorkengeknalle meiner Morgenlektüre entfremdet wurde, zwangen sie diesmal, HUR!, ihre Kinder mit brutalen Bestechungsmaßnahmen in einen Umdenkprozess, der in allgemeiner Abreise endete. Kinder sind ja so korrupt. Tja, schade, wenn ihr meint. Ja, wir meinen. Ich meinte dann auch, weil die Aussicht, meinen Schwestern einen Regentag lang beim anschwellenden Unrundsein Gesellschaft leisten zu dürfen, machte mir ein wenig Angst. So viel Prosecco habe nicht einmal ich im Keller. Also stellte ich mich mit den Kindern an die Straße und wir winkten ihnen lange nach. Eins der Mimis weinte sehr, und wurde am Rückweg zum Haus, wohin ich es mit mit mütterlichen Trostworten leitete, auch noch, HUR!, von einer Wespe gestochen. Aber danach, als das Weinen mithilfe einer halben Zwiebel, zwei Packerl Gogos und einem Kinderfilm verebbte, war es: still. Ich lauschte dem Regen, den Birnen, die auf die Wiese platschten, dem Wind in den Bäumen und dem Nachbarn. HUR! Tja.

Das habe ich mir bitte redlich verdient

Allmählich erreiche ich den Punkt, wo es schwierig wird, etwas zu erzählen, weil das Sommerprogramm „Ereignisarmut" seine Wirkung beängstigend effizient entfaltet. Seit zwei Monaten erschlage ich tagsüber Wespen und lausche abends dem Fluss, und es ist gut. Nichts fehlt. Ich bin so weit, dass ich dem McDings, der seine Ferien ebenfalls in vertrauter Umgebung verbracht hat, maile, ja, genau, das sei doch gut, die Menschen erlebten viel zu viel, allgemeines Mindererleben sei doch für die Menschheit und für den Klimawandel viel gesünder. Also quasi diesen Satz von Pascal, von dem Unglück, das allein daher rühre, dass die Menschen nicht ruhig in einem Zimmer zu bleiben vermögen, als Ökobilanzrechnung. Ich vermag das mittlerweile unglaublich gut, wenn man jetzt einmal das Zimmer etwas größer fasst und ein bisschen Wiese, den Fluss, ein paar Bäume und Kinder hineintut. Und etwas zu essen und zu trinken, weil man nicht immer nur Holundersirup, Zucchini, Erdäpfel oder Paradeiser aus dem Garten zu sich nehmen mag, was zugegebenermaßen Autofahrten nach großzügig entfernten Das und Dorts erfordert. Der Dings mailte etwas überaus Bedachtes zurück, nämlich, dass das, was ich eben gemailt habe, ein kompletter Unsinn sei, man müsste im Gegenteil die Menschen dazu zwingen, viel mehr zu erleben und tüchtig etwas von der Welt zu sehen, weil das das Hirn erweitere. Ja ja! Ich meinte doch eh: uns. Wir haben uns das wenigstens temporäre Nichtserlebenmüssen unter selbstloser Gefährdung unserer Gesundheit redlich verdient.* Ja, mailte der Dings. Damit war auch dieses Ereignis vorbei.

---

* Siehe auch: *Abwärts,* hg. von Ela Angerer (Czernin Verlag). Mit einem Beitrag der Autorin.

Es ist zudem schwierig, zu arbeiten, weil sich ein Arbeitszimmer hier nicht ausgeht und die Kinder sich den Satz „Ich muss jetzt arbeiten“ nicht länger als zwei Minuten merken. Merken können. Wollen. Dann verlangen sie ein Honigbrot oder stellen sich mucksmäuschenstill in einem 45-Grad-Winkel neben den Computer, treten von einem Bein auf das andere und strahlen mich mit ihren glänzenden Kinderaugen rücksichtsvoll an. WAS!!!! Es ist, weil sie diese Erstklässlerrechenaufgabe auf ihrem Nintendo nicht verstehen. Es gibt für den Nintendo ja auch pädagogisch unheimlich wertvolle Lernspiele. „Fülle die leeren Kästchen richtig aus. Rechne mit Plus oder Minus.“ Wie? Welche leeren Kästchen? Was rechnen? Versteh ich auch nicht, frag den Papa. Der Lange kapituliert ebenfalls, also spielen sie wieder Super Mario.

Und zwar ohne den Nachbarsbuben, weil dem habe ich, damit es zu keiner Straftat kommt, ganz auf erwachsen eine freundliche Rede gehalten, dass er bitte ein paar Tage nicht kommen soll, weil uns das zu viel wird. Jetzt war er schon so viele Tage nicht da, dass ich Angst habe, dass ich seine zarte Nachbarsbubenseele nachhaltig gekränkt habe. Ich überlege schon, ob ich ihn mit einem Honigbrot herüberlocken soll. Aber ich glaube, das ist nicht notwendig, der kommt schon wieder.**

** Da hatte ich Recht.

Bitte, ich bin ja kein Bauer, aber

Anderswo mag eine muhende Kuh als Sinnbild ländlicher Idylle gelten, hier tut sie einem leid. Die Kuh steht mit 30 oder 40 anderen in einem sogenannten Freilaufstall. Den hat die EU den Bauern aus Gründen des Tierschutzes verordnet. Der Stall gehört dem Nachbarbauern, und die Kuh kann dort so ein bisschen herumspazieren. Das könnte sie auch auf einer der unzähligen Wiesen, die dem Bauern rund ums Dorf herum gehören, aber der Bauer fährt lieber mit einem seiner sechs Traktoren auf die Wiesen, mäht das Gras und bringt es der Kuh in den Stall. Bitte, ich bin kein Bauer und will auch keiner sein, aber das kommt mir ein wenig schwachsinnig vor. Plus es führt dazu, dass die Kuh ihr Leben lang nie ein Stück Grün oder Himmel sieht, sondern ihre gesamte Existenz in dem kuhfreundlichen EU-Freilaufstall mit Betonboden verbringt, aus dem ihr Muhen erbarmungswürdig durch das ganze Dorf hallt. Und zwar ab sechs Uhr früh. Die armen Viecher. Die Kühe von dem anderen Bauern vis-a-vis grasen friedlich auf der Wiese oberhalb von seinem Hof, weshalb der Bauer hier in der Gegend als kauziger Spinner gilt. Das macht hier sonst keiner. Hier siehst du praktisch nie und nirgendwo eine Kuh. Du hörst sie nur.

Nicht mehr lange, wir fahren bald in die Stadt. Es ist Zeit. Ich habe unstillbare Bedürfnisse nach schlechter Luft, Autolärm, Sushi, Schuhen (im Sinne von: Schuhen, die diese Bezeichnung verdienen), speckfreier Kost, meinem Friseur, einem erfolgreichen Shoppingerlebnis, urbanem Halligalli in zwielichtigen Tränken, honigbrotfreien Mittagspausen und einem klimatisierten, kinder- und langenlosen Büro. Wir haben uns jetzt neun Wochen am Stück auf einer 24/7-Basis ausgehalten, es war erstaunlich friedlich, und es langt jetzt. Ich will wieder egoistisch sein, autonom und Marmeladefleckenfrei, mindestens acht Stunden am Tag, dankeschön. Und es ist auch genug idyllische Natur und Gemuhe und Viecher aller Art, obwohl, die Kinder haben gerade das Angeln entdeckt. Die Pollaks waren da, und der Pollak fuhr mit seinen Buben und den Mimis an den Fischteich, Abendessen fangen. Wir waren ein wenig besorgt, wie die Kinder das Fische-Erschlagen wegstecken würden, und als sie zurückkamen, zeigte sich auch tatsächlich eine gewisse Blässe, und zwar um die Nase vom Pollak, dem das überhaupt nicht getaugt hat. Die Kinder dagegen hielten stolz und völlig untraumatisiert ihre selbstgekillten Forellen in die Höh, grillten sie am Feuer, verspeisten sie gewissenlos und schliefen danach gut und tief. Aha. Interessant. Der Lange versucht auch etwas zu fangen, nämlich die Maulwürfe, die unsere Wiese umgraben, wird aber täglich von neuen Haufen ausgelacht. Das macht ihn aggressiv. Und drüben muht noch immer erbarmungwürdig diese Kuh. Und irgendwo kräht jetzt auch noch ein Hahn. Aus, fertig, packts eure Sachen, Kinder, wir fahren in die Stadt.

Beim Langen trauen sie sich das nicht

Die Frage „Freust du dich schon auf die Schule?“, wurde vergangene Woche mit vielen inbrünstigen JAs beantwortet. Vor allem von Müttern. Und Vätern. Ich selbst zählte am Sonntag, als ich dazu wieder in der Lage war, die Stunden bis Montag um neun, wenn sich zur Abwechslung wieder einmal andere Menschen als ich um meine Kinder kümmern würden. Am Sonntagnachmittag war ich, dank neun Wochen Ferien und Pias Hochzeitsfest nachts zuvor, so fertig, dass ich die Kinder mit einer Schachtel Schwedenbomben vor den Fernseher setzte, normal ein absolutes No-no.

Aber der Lange und ich hatten bei Pias Hochzeit aufgelegt, normal auch ein absolutes No-no. Vor allem bei Hochzeiten von Freunden. Die sollen ja einen glücklichen Abend haben, was den DJ relativ oft über den Rand der Erniedrigung führt, weil volle Tanzfläche, gelungener Abend. Aber auch verschiedene Geschmäcker. Plus gibt es auf jeder Hochzeit dieses Paar, das fantastisch tanzt, Walzer, Tango, Two-Step, Dingsbums, was weiß ich, die schweben über die Tanzfläche und strahlen sich an, und die wollen das dann den ganzen Abend so beibehalten. Und wenn du einmal etwas spielst, bei dem es nicht mit wehenden Kleidern übers Parkett fliegen kann, wirft das Paar verletzte Blicke gegen das DJ-Pult und wünscht sich deutlich sichtbar einen ganz anderen Sound. Und wenn man normal, sagen wir im rhiz, auflegt, ist der Hinweis, dass in diesem Moment in dieser Stadt in sicher tausend Lokalen genau jetzt die gewünschte Drecksmusik läuft, schnell bei der Hand, was du bei einer Hochzeit natürlich nicht bringen kannst. Du spielst, was gewünscht wird. Du willst, dass das Brautpaar glücklich ist.

Was zuerst einmal schiefging, denn Pia hatte sich als ersten Tanz einen Walzer gewünscht, und ausdrücklich gesagt, es sei einerlei, welche Sorte Walzer, es müsse nichts Traditionelles sein, sie wolle nur einmal mit dem neuen Herrn Pia walzen. Also hatte ich lange gewühlt und spielte dann „When a Man Loves A Women", in der fantastischen Version von der wunderbaren, toten Karen Dalton, und sie tanzten sehr schön und am Ende des Stücks kam eine Frau und fragte, was jetzt mit dem Walzer sei. Hallo? Einszweidreieinszweidrei? Walzer?

Aber das mit der vollen Tanzfläche wurde dann schon, ich sage nur Barry White, und bei „You're the First, my last, my everything" zeigte die alte Posse, dass wir auch tanzen können, halt anders, und das schöne Paar floh mit allen Anzeichen von Panik. Und später wurde ich nur ein bisschen von einem weißhaarigen Herrn wegen schlechten DJings übel beschimpft (ich, nicht der Lange; bei großen Männern trauen sie sich das nicht), der war vor fünfzig Jahren auch einmal DJ und ist wahrscheinlich ein super Kollege, wenn er nüchtern ist. Es war ein sehr schönes Fest, lustige Leute, guter Wein und Pias Kleid war meine Herren, aber Hochzeiten mache ich trotzdem nicht mehr.

Du bist super

Jetzt schickt mir Sedlacek jede Woche ein SMS des Wortlauts: du bist super. Immer: du bist super, alle paar Tage. Seit ungefähr acht Wochen geht das so. Ich habe noch kein einziges Mal darauf geantwortet, was einen normalen, sensiblen Menschen vermutlich an der Effizienz der gewählten Strategie zweifeln ließe. Allerdings handelt es sich beim Absender um Sedlacek, deshalb rechne ich noch mit weiteren acht, zehn, zweiundzwanzig gleichlautenden Nachrichten. Die ich ebenso ignorieren werde.

Das Nachtragendsein gelingt mir bei Sedlacek, das fällt mir auf, jetzt immer besser und besser als bei anderen: Was aber möglicherweise im Kontext damit steht, dass ich mir Sedlaceks damaliges Arschloch-SMS noch immer jederzeit vergegenwärtigen kann, und es regt mich noch immer mörder auf, und der Trottel hat sich noch immer nicht dafür entschuldigt. Das wiederum dürfte unmittelbar damit zusammenhängen, dass Sedlacek zwar niemals vergisst, wie ihn einer, zum Beispiel der Hofer Pepi in der zweiten Klasse Volksschule, nicht von seinem Käsbrot hat abbeißen lassen, oder dass ich ihn zu seinem 36. Geburtstag nicht beschenkt, ja nicht einmal angerufen habe, weil ich in böswilliger Ignoranz gerade in den Wehen lag oder derlei. Anderseits vergisst er schon circa übermorgen auch die ungeheuerlichsten Untergriffe, die miesesten Frechheiten, die ihm anderen gegenüber ausgekommen sind, ja er erinnert sich nicht einmal an die wirklich gezielten, mit äußerstem Vorsatz auf das zumeist amikal gesonnene Gegenüber abgeschossenen Treffer. Wahrscheinlich, weil es funktioniert; die meisten Menschen halten Sedlacek für nicht hundertprozentig zurechnungs- und somit auch nicht für satisfaktionsfähig, und sehen ihm seinen periodischen Arschlochismus mit der Generosität der Gescheiteren nach. Habe ich auch gemacht. Mache ich nicht mehr. Fertig, da brauchts jetzt einmal ein bisschen mehr, der soll jetzt einmal etwas lernen.

Nach ein paar mit der charakteristischen Sedlacek'schen Zärtlichkeit formulierten Wasistjetzts, Warumspinnstdennduschonwieders und Zicknichtimmersoherums seinerseits ließ ich ihn meinerseits kurz wissen, dass seine penibel ausformulierte Kränkung durchschlagenden Erfolg gehabt habe und er nun bitte mit den Folgen leben soll. Und genau wie ichs erwartet habe, kroch Sedlacek keineswegs zu Kreuze, sondern schickte eine patzige, völlig verständnislose SMS zurück, dass er keine Ahnung habe, wovon ich da rede. Das soll der jetzt einmal ohne meine Hilfe herausfinden. du bist super. Meine Güte.

Die Frage ist, wer an so einem Sedlacek Schuld trägt. Ich sags ungern, aber ich verdächtige seine Mutter. Die hat ihn vermutlich zu lange gestillt oder ihn fürs Deppertsein tüchtig belohnt, in der Hoffnung, das würde aus ihm einen sensiblen, dankbaren Menschen machen. Das hat nicht funktioniert.

Dort gefällt es mir nicht

Der Plan wäre jetzt, ein bisschen fiktionale Distanz zwischen diese Kolumne und meine Wirklichkeit zu legen. Es wird auf die Dauer langweilig, wenn es jedes Mal, wenn ich etwas erzählen will, heißt: Weiß ich schon, habe ich schon gelesen. Plus werde ich immer harmoniesüchtiger und sehe nicht mehr so gern die hochgezogenen Augenbrauen von Leuten, die nicht darum gebeten haben, ihre privaten Angelegenheiten im gleißenden Licht der Öffentlichkeit wiederzufinden.

Vielleicht sollte ich es machen wie Rubinowitz, der es macht wie Lottmann und ein paar reale Personen in ein paar fiktive Situationen schicken, aber ich glaube, ich mag Lottmann nicht. Also jetzt als Schriftsteller, privat kenne ich ihn ja nicht, obwohl es natürlich ein erster Schritt wäre, hier zu behaupten, ich wäre letztes Jahr mit Lottmann und Rubinowitz aus dem Meinl am Graben geworfen worden und mit lebenslangem Hausverbot belegt worden, weil Lottmann und Rubinowitz sich dort in meinem Beisein einen Faustkampf mit Spucken und Tellerwerfen geliefert hätten. Und ich hätte einmal mit Lottmann in Darmstadt Rainald Goetz getroffen und wir hätten im Landgraf Ludwig VIII ein Hirschragout zurückgehen lassen, bevor wir im Nachtcafé-Club gemeinsam die Glieder geschüttelt hätten. Wäre aber eben ein peinlicher Abklatsch und überdies ein Schritt in die falsche Richtung; da will ich nicht hin, dort gefällt es mir nicht.

Und vielleicht kann ich ja überhaupt nur Wirklichkeit, vielleicht ist mir das Talent der Dichtung gar nicht gegeben. Aus der Wirklichkeit der letzten Woche, als ich auf einer Hochzeit beschimpft wurde, wäre noch etwas nachzureichen: Denn den Kerl hätte ich, so erklärten Braut wie Bräutigam hinterher, ruhig tüchtig zurückbeschimpfen, ja von ihnen aus gerne auch mit der einen oder anderen Tätlichkeit bedenken dürfen; offenbar hätte es keinen Falschen getroffen. Und ich war wohl auch bereits der fünfte oder sechste Hochzeitsgast, der sich über den Herrn beschwert hatte. Hätte ich gern gemacht; zu spät. Aber ich habe ja regelmäßig im rhiz Gelegenheit, Gäste zu beschimpfen, die meinem Musikgeschmack erstens reserviert gegenüberstehen und das zweitens nicht für sich behalten können. Der Lange ebenfalls: Wobei ich mich frage, wie der auflegt, wenn ich nicht dabei bin, weil ich ihm letztes Mal von jeder zweiten CD die Titel vorlesen musste. „Now I'm a Fool", welcher Track ist das? Sechs, Schatz. Zu kleine Schrift. Daran denkt die Musikindustrie wieder nicht, dass zahllose DJs bereits fortgeschrittenes Alter erreicht haben und ihre Arbeit in den Clubs und Underground-Lokalen ungern mit einer Lesebrille verrichten. Und, jajaja, ich WEISS, dass ich dir das schon einmal erzählt habe.

Nein, lieber nicht

Das Bubenmädchen ist immer noch ein Bubenmädchen, jetzt schon drei Viertel seines Lebens lang. Einmal habe ich gelesen, aktuelle Forschungen hätten ergeben, an Transsexualität sei die Mutter Schuld, zu viel Stress in der Schwangerschaft. Nur frage ich mich dann, warum das Zwillingsmimi das gar nicht hat. Jetzt habe ich gehört, das könne am Hormonhaushalt liegen, der sei beim einen Kind so und bei den anderen so. Erscheint mir logischer, aber im Grunde ist es mir powidl: Solange das Kind kein Problem damit hat, habe ich auch keins, und deswegen ist das eigentlich auch nie ein Thema. Alle paar Monate erkläre ich ihr, dass sie da übrigens jederzeit auch wieder herauskann, falls ihr das Bubenmädchen-Konzept nicht mehr taugt, dass sie das jetzt nicht durchziehen muss, nur weil sie es einmal beschlossen hat, aber sie winkt immer ab. Alles okay, keine Sache.

Es war allerdings interessant, als das Bubenmimi jetzt sein erstes Fußballturnier spielte. Es ist ganz gut im Fußball, also es ist so gut und ein so verlässlicher Teamspieler, dass der Trainer ihm vor dem ersten Turnier die Kapitänsbinde um den Arm wickelte. Die Mutter rot vor stolz. Der Lange auch: unsere Tochter! Allerdings nahm die Tochter die Binde wieder ab und übergab sie einem anderen Kind, weil: Das sieht nicht gut aus. Passt farblich gar nicht zum Dress. Dieses Exempel beweist, dass eben doch weitgehend testosteronfreies Mädchenblut in seinen Adern fließt. Und ich finde das, ehrlich gesagt, beruhigend, nicht, weil ich kein Transenkind haben will. Sondern weil es mir für das Kind lieber wäre, es würde glücklich erwachsen werden und erwachsen sein, ohne zuvor eine Hormontherapie und eine Geschlechtsumwandlung hinter sich bringen zu müssen. Was, kein Witz, am Familientisch ein Thema war, seit das Bubenmimi vier ist, aber in letzter Zeit nicht mehr so häufig diskutiert wird.

Aber man tut ja stets, was gut für die Kinder ist. Zum Beispiel wurde das andere Mimi von seiner bekanntlich nicht so theateraffinen Mutter zu einem Theaterkurs angemeldet und zu einer Schnupperstunde begleitet. Es war vielleicht nicht so eine Spitzenidee, mich ausgerechnet an selbigem Tag mit Sedlacek zum Lunch zu treffen, der sich, halleluja!, entschuldigt hatte, so richtig mit dem ganzen Tut-mir-leid-ich-will-mich-bessern-Programm. Was wir dann ein wenig feierten, sodass ich um vier in nicht einwandfrei erziehungsberechtigtem Zustand Zeugin werden durfte, wie mein Kind – ich! Ich! ICH!!! – peinigend überengagiert seine Berufung entdeckte, immer den Finger kerzengerade in der Luft. Aber hallo, sagte mit so einem Grinsen in der Visage der Herr Kabarettist neben mir, dessen Tochter ich auch in den Kurs geschwatzt hatte. Zum Glück kam dann ein Kind, das war noch viel schlimmer, danke, Gott. Später an dem Abend küsste mir ein deutscher Verleger nicht die Hand, sondern den Arm bis über den Ellbogen, aber das ist eine andere Geschichte, die passt hier null dazu.

Speziell für Vorarlberger

An den Käsefladen im Madiani habe ich mir Donnerstagnacht so das Maul verbrannt, dass ich bis heute nur lauwarmes Essen in Breiform zu mir nehmen kann; trotzdem hätte ich gerne das Rezept. Könnte ich bitte das Rezept bekommen? Die Käsefladen sind ein Parade-Winteressen; einfach, weich, warm, saugut, also genau das Richtige, um eine Winter-Depression zu kalmieren. Ich meine, falls sich etwas derartiges wie ein Winter-Gefühl heuer überhaupt einzustellen beliebt; im Moment sieht es eher wenig danach aus.

Auch der Donnerstagabend war ein für meine derzeitige So-kann-es-unmöglich-weitergehen-Situation überaus typisch. Die Mimis schliefen bei Freunden, und zufälligerweise eröffnete der P. eine Ausstellung mit neuen Fotos in einer Galerie am Karmelitermarkt. Und wen treffe ich da? Den P., eh klar, den W. und den G., mit denen ich vor, ich will auf keinen Fall sagen, wie vielen Jahren zum Soundtrack von Sadé lange Abende in der Oskar-Bar in Feldkirch abhing. Wir waren 18, 20, 21, wir standen wie Cowboys an der Bar und ließen alle an unseren Zukunftsplänen teilhaben, denn jeder von uns war ein Künstler und würde demnächst ein berühmter Künstler sein: Der P. hat schon fotografiert, der W. hat schon Musik gemacht und damit Preise gewonnen, der G. studierte schon Architektur, der R. machte kleine Filme, die schon gezeigt wurden, und ich war hauptsächlich verwirrt und habe heimlich gedichtet. Und was ist, wie ich die jetzt treffe, aus denen geworden? Der P. ist ein super Fotograf, der W. lebt glücklich von seiner Musik, der G. ist Architekt, der R. konnte zur Vernissage leider nicht kommen, weil er grad seinen neuen Film schneidet und ich kann immer noch nichts anderes als schreiben. Ich finde, das ist ein relativ guter

Lebenstraumverwirklichungsschnitt, speziell für Vorarlberger. Und alle können wir, wie sich im Madiani zeigte, noch immer bis tief in die Nacht hinein deppert sein, vor allem der G., mit dem ich gegen zwei Uhr früh mit meinem verbrannten Maul engagiert über DJ Ötzi stritt, wobei die Worte Trottel, Idiot und ungefickt fielen. Der Lange und ich gingen dann bald nach Hause, was aber nichts mehr daran änderte, dass wir vergessen hatten, dass anderntags um neun Uhr früh eine Ö1-Reporterin vor unserer Tür stehen würde, was auch geschah. Das hätte mir eine Lehre sein sollen.

War es aber nicht. Am nächsten Tag verhockte ich bei der Mimi-Abholung von einem Kindergeburtstag bei Leuten, die von steirischen Winzern abstammen. Am Samstag war phil-Geburtstag und der 30er von der H. im Espresso, Sonntag wieder Kindergeburtstag bei Leuten, die nicht von steirischen Winzern abstammen, aber trotzdem gut trinken können. Heute Abend bin ich mit Sedlacek verabredet und hoffe inniglich, dass er absagt. Weil so geht das definitiv nicht weiter, definitiv nicht.

Die zweite Nummer rockt ganz gut

Ich will nichts mehr hören. Keiner von euch braucht deppert herumzutstsen, weil: IHR seid schuld. Und IHR wart auch letztes Mal, bei der weihevollen Schalko-Buchpräsentation im Rabenhof schuld, denn einer von EUCH hat mir jedes Mal, wenn ich gesagt habe: HEIM! JETZT!, noch einen Spritzer hingestellt, einer geht ja immer noch, und das ging, typisch Rabenhof, auch diesmal wieder so lange, bis die Grenze der Vernunft spürbar überschritten war. Und am nächsten Tag konnte ich dann im Blumenau-Journal ein Gespräch nachlesen, das ich bis zum Moment der überraschenden Lektüre vollständig vergessen hatte, woran IHR schuld seid, und wenn Blumenau behauptet, ich hätte geschrien (und ich habe allerhöchstens milde gebrüllt), dann seid auch IHR daran schuld, keine Frage, also ich will kein ts ts hören, still jetzt.

Außerdem ist nun alles besser. Ich habe am Wochenende auf den Fluss geschaut und bin im Wald marschiert. Ich habe eine komplette Staffel von „The Wire" gesehen. Ich habe entgiftet, gekocht, geräumt und dabei die neue Goldenen Zitronen gehört. Ich habe mir überlegt, wie es möglich ist, dass zwei CDs wie die neue Distelmeyer und die neue Goldenen Zitronen gleichzeitig erscheinen können, und trotzdem halten alle Distelmeyer für einen großen Dichter, ja: den Dichter der Stunde. (Entschuldigen bitte, der Mann ist nackt, und ich erlaube mir, das dem Chor der geblendeten, bäuchlings sabbernden Bewunderer zuzurufen: NAHACKT! Aber auf mich hört ja sowieso keiner. Ist ja jedem wurscht.) Immerhin, die zweite Nummer, die mit dem Hass, die rockt ganz gut beim Auflegen. Also, wenn man es schafft, den Text zu ignorieren. Was bei den Zitronen nie nötig ist, niemals.

Jedenfalls war das Wochenende im Vergleich zur Vorwoche mönchisch, also ich würde fast sagen: eine Form der Meditation. Wenngleich das Besuchskind, das mit uns am Land war, zu Hause schon etwas zu erzählen hat, nämlich wie laut der Lange und ich uns anbrüllen können: DAS, Blumenau, war laut, ungefähr so laut wie ein sehr großer Traktor mit einem mit Stahlrohren beladenen Anhänger, wenn er in einem Tunnel über große Steine rumpelt. Der Grund für das Gebrüll steht in so krassem Gegensatz zu meinen einleitenden Worten, dass ich mich nicht in der Lage sehe, ihn hier auszuführen, aber, wirklich, wer bitte stellt einem Kater Futter in einem handbemalten Schüsserl aus einer urseltenen, nur in Vorarlberg gebräuchlichen und dort in Museen konservierten Porzellanserie, welche die Frau seit Jahren zusammenschnorrt und -sammelt, vor die Haustür, sodass das nächstbeste Kind zuverlässig hineinsteigt? Der Lange, wer sonst. Drei Kinder standen in der Küche und hielten sich die Ohren zu, und die Besuchskindeltern haben diese Woche wieder einiges zu tstsen. Und was lernen wir daraus? Wurscht, wie ich lebe, getstst wird sowieso immer.

Das Leben der Tiere

Der Heizungstechniker ist, so erfahre ich, auf einem Seminar; der nächste mögliche Termin, um unsere Heizung zu reparieren sei, also, warten Sie, Mittwoch zwischen zehn und zwölf. Oh, super, herzlichen Dank, das sind ja nur fünf Tage. In einer eiskalten Wohnung. Eh würde eine verantwortungsbewusste und vorausschauende Mieterin im Frühherbst überprüft haben, ob die Heizung funktioniert, nein, das müsste sie gar nicht, weil die Heizung im Spätsommer vorschriftsmäßig gewartet worden wäre. Nur frage ich mich schon auch, warum Seminare für Heizungstechniker ausgerechnet zu Beginn der Heizsaison, Punkt Kälteeinbruch, stattfinden müssen. Wie wärs im Sommer, wenn Leute wie ich sowieso nicht anrufen, um ihre Heizungen nicht warten zu lassen? Zur Strafe nicht.

Zum Glück funktioniert der Ofen im Waldviertel, und als es uns bei 28 Grad Raumtemperatur doch etwas schwitzert wird, gehen wir über die Straße zu Künstlers, weil: „Tag der offenen Ateliers". Künstlers haben den Hof zusammengeräumt und ihn mit eigenen und fremden Werken vollgehängt. Es handelt sich dabei überwiegend um Bilder, auf denen unglaublich geschweinigelt wird. Die Mimis schauen sich alles mit großem Interesse an und finden, das sehe aber etwas anders aus als in ihrem Wir-machen-ein-Baby-Buch. „Kann man so auch Kinder machen?" „Ja, schon, wenn man sehr gelenkig ist." „Und so?" „Nein, so eher nicht." „Und was machen diese Frau und dieser Wolf da?" „Sie kuscheln." „Und diese Frau und dieses Schwein?" „Kuscheln auch." „Sieht aber aus, als ob das Schwein ..." „Schau mal, da drüben, da ist ein riesiges Hirschgeweih." „Wo?" „Da hinten." „Aber das Schwein ...!"

Später sitzen wir im Atelier der Künstlerin am Holzofen und trinken Wein. Ein paar Leute aus der Stadt sind da, und das ganze Dorf kommt vorbei, die Bauersfrauen, die Hippies mit den Hunden und die gesamte Freiwillige Feuerwehr in Uniform, denn der Herr Künstler ist Feuerwehr-Vizeobmann. Oder Vizekommandant oder wie das heißt. Die Feuerwehrmänner und ihre Frauen schauen sich die Bilder auch alle an, besonders gern die Fotos, auf denen der Künstler nackt auf allen vieren zu sehen ist, mit prächtigem Gehänge. Man äußert die Ansicht, dass es „unterschiedliche Lebensentwürfe" gebe. Das stimmt, zum Wohl. Zum Glück finden die Frauen dann einen Stapel ferkeleienfreier Blumenbilder der Künstlerin, die ungeteilter Meinung als schön beurteilt werden. Der Wein schmeckt auch allen, und der Nachbar-Bauer und ich sind bald per Du: Franz. Doris. Zeawas. Wir stellen fest, dass wir beide denselben Prinzen kennen. Er kennt ihn von der Jagd, ich kenn ihn, weil er eine Zeit lang an der Mizzi befestigt war: Das muss dann die gewesen sein, die immer frierend im Hochstand saß und Bücher gelesen hat. Ja, das war zuverlässig die Mizzi. Apropos frieren: Ist schon zehn? Ah, gleich.

Richte schon mal das Bett her

Zwei Tage, nachdem der kleine Dings bei uns war, mit den Mimis eine Kissen- und Jackenburg zum Hineinköpfeln gebaut, sich mit ihnen in alle Decken eingewickelt, über jeden Teppich gewälzt und dann mit beiden Mimis in einem Bett übernachtet hat, informiert mich sein Vater am Telefon darüber, dass der kleine Dings Läuse hat. Hallo, das ist einmal eine gute Nachricht, speziell an einem Tag, an dem mir der Lange gerade aus dem 15. Stock eines Luxushotels in einer künftigen Kulturhauptstadt am Meer eine SMS geschickt hat, um die grandiose Aussicht und den vorbildlichen Zimmerservice zu loben.

Warum bin ich nie tausend Kilometer weit weg, wenn dergleichen passiert? Weil ich immer da bin. Ich sollte viel öfter verreisen. Haemmerli zum Beispiel habe ich schon seit mehr als einem Jahr nicht gesehen, ebenso die anderen Zürcher Spezis. Und in Berlin war ich auch schon ewig nicht, wie viele Jahre war ich bitte schon nicht mehr in Berlin? Und habe ich schon mal Pia in Paris besucht? Habe ich nicht. Du kannst schon einmal das Gästebett herrichten, Pia, ich komme jetzt. Ich muss vorher nur noch alle Textilien in der Wohnung bei 60 Grad waschen, alle Teppiche tagelang auf den Balkon hängen, alle 200something Kuscheltiere in luftdicht verschlossenen Müllsäcken am Dachboden verstauen und alle Mimis mit scharfzinkigen Nissenkämmen zerkratzen. Dann komm ich aber sofort, Pia, verlass dich darauf.

Aber es hülfe eh nichts. Wenn ich einmal 1000 Kilometer weit weg bin, sprechen die Kinder ihr erstes Wort, machen ihren ersten Schritt, verlieren ihren ersten Zahn, haben endlich genug von der Bernhard-Fibich-CD, schießen ihr erstes Tor oder spielen erstmals fehlerfrei „Stairway to Heaven“.

Wenn der Lange weg ist, bekommen sie Scharlach, fallen vom Hochbett, schlagen sich Zähne aus, verlieren ihr Lieblingskuscheltier, ihren Impfpass oder ihr Fahrrad und bringen, ich wette darauf, ihren ersten Fünfer heim. Und ihre erste Geschlechtskrankheit, irgendsowas. Sowie ihre ersten Läuse.

Natürlich sind wir eh privilegiert. Alle anderen hatten schon Läuse, beziehungsweise: hatten schon oft Läuse. Auch die Horwaths, mit der Verschärfung, dass nicht nur der kleine, sondern auch der große Horwath Läuse hatte, was beim Horwath seiner Frisur, also dem, was vom Horwath seiner Frisur noch übrig ist, original in die Kategorie der echten Wunder ressortiert. Insofern wäre es nur gerecht, wenn wir jetzt auch einmal Läuse hätten, ja, tatsächlich sind Läuse bei uns überfällig, wie schaut das denn aus, wenn wir als Einzige nie welche hatten. Und es ist ja eh schon wurscht, jetzt wo ich eh schon jedes Stück Heimtextil in geradezu lehrbuchmäßiger maternaler Präventiv-Hysterie gewaschen habe; meine Oma selig wäre mächtig stolz auf mich. Zürich, Berlin, Paris habe ich mir jedenfalls verdient; weil wann krieg ich schon einmal etwas umsonst: nie.

Das bin doch nicht ich!

Leider sehe ich mich gezwungen, folgendes zu verlautbaren: Ich bin nicht die „Journalistin" in Dirk Stermanns „Bottle-in-a-Message"-Text von vor zehn Tagen im Standard-Album. Ich bin *niemand* in Stermanns Text, ich komme Gottseilobunddank in dem Text überhaupt nicht vor, auch wenn ich sonst gerne in Texten vorkomme, in diesem: nicht.

Tatsächlich habe ich dem Stermann sofort ein Mail geschickt: „Ha! Lustiger Text! Wurde in der Sekunde zur Temperenzlerin!", nachdem ich seinen Anzengruber-Alkoholismus-Aufsatz gelesen hatte: Einen von Mitleid unverstellten Blick auf Stermanns unmittelbares Tschecheranten-Umfeld, der dieser Tage bei Czernin in dem Buch „Wir sind gekommen um zu bleiben: Deutsche in Österreich" erscheint. Jedenfalls sitze ich ein paar Tage später anlässlich einer anderen Buchpräsentation mit der Herausgeberin des Werks, der ansonsten klugen und unbestechlichen Eva Steffen im Jin´s, als sie mir über die Tafel hinweg zuruft, sie habe jetzt übrigens wiederholt das Gerücht gehört, ich sei die „Journalistin" in Stermanns Text, stimme das denn. Himmel, Heiliger, Kruzitürken, nein, das stimmt natürlich nicht! Allein dafür, dass du das fragst, müsste ich dich schon verklagen, Steffen!

Die Journalistin in dem Text ist, wer ihn noch nicht gelesen hat, eine Post-40erin mit zerzausten Haaren, die im Anzengruber abwechselnd Rot- und Weißwein trinkt. Im Laufe der Geschichte tritt sie an Stermanns Tisch, um ihn zu fragen, ob er glaube, dass sie eine versoffene Funze sei, verlässt dann mit einem „schmalbrüstigen Schauspielschüler an der Hand" das Lokal und wird später von Stermann schlafend auf einer Parkbank betreten. Ganz langsam, zum Mitschreiben: Diese Frau hat mit mir nichts gemein als das ungefähre Alter und an schlechten Tagen die Frisur. Ich mische keine Weinsorten, ich bin so gut wie neverever im Anzengruber anzutreffen, ich schlafe nicht auf Parkbänken, ich schleppe keine Männer ab und ganz gewiss keine dünnen, und ich bin, soweit ich weiß, auch nicht die direkte Nachfahrin eines „ranghohen Sozialdemokraten aus dem Burgenland", wie Stermann ausdrücklich schreibt. Also ich glaube, das ist jetzt geklärt, Steffen. Meinen Ruf ruiniere ich mir nämlich, wenns recht ist, immer noch selber. Und ich bin in Wirklichkeit eine nette – ja: nett, in seinem ganzen, diffamierten Wortsinn –, dezente, diskrete, schüchterne und im Grunde langweilige Person, die jetzt gleich noch ein Scheitchen ins Feuerchen werfen und ihren Liebsten ein Süppchen kochen wird.

Aber es war überhaupt eine ziemlich lausige Woche. Ich zankte mit Hans Hurch über die Bedeutung des Wortes „Gala", kam nur einmal zum Schwimmen, verlor meinen Kalender, und als der Lange nach fünf Tagen Halligalli aus Istanbul zurückkam, legte er sich sofort drei Tage mit Husten ins Bett. Wenns diese Woche ein bissl lustiger wird, hätte ich im Prinzip nichts dagegen.

Den Teil mit der Parkbank lasse ich vielleicht aus

Nur Stunden, was heißt, Minuten nach Erscheinen der letzten Kolumne erhielt ich ein freundliches Mail vom freundlichen Herrn Stermann, in dem er mir freundlicherweise Folgendes schriftlich bestätigte: Ich war definitiv nicht gemeint. Mit dieser angeflaschelten Journalistin mit der Zauselfrisur. In diesem seinem Anzengruber-Sauftext. Das beruhigte mich ungemein, und ich ließ es in diversen Internet-Foren und Live-Gesprächen nicht unerwähnt, bis selbigen Abends kurz vor Mitternacht bei der Viennale-Abschlussparty, als ich, nachdem ich auch dort mehrere Menschen, die nicht danach gefragt hatten, über Stermanns Quasi-Freispruch informiert hatte, auf dessen Kumpel Grissemann traf, der irgendetwas sagte wie: Ha ha, so so, aber der Stermann hat mir gesagt, dass er beim Schreiben speziell an dich gedacht hat, doch, hat er.

Ich sagte: Sagamal, Grissemann, findest du eigentlich, dass ich eine versoffene Funzen bin?, und verließ die Viennale-Party, ohne Grissemanns Antwort abzuwarten, mit einem schmalbrüstigen Schauspielschüler an der Hand. Dann hätte mich Grissemann eigentlich um vier Uhr früh schlafend auf einer Parkbank betreten sollen, aber ich ließ diesen Teil angesichts der frostigen Temperaturen lieber aus, sonst wäre ich jetzt erfroren und könnte diese Kolumne nicht schreiben. Und ich könnte nicht den Deutschen und ein paar Korrektoren dieser Stadt erklären, dass es sich, wie mir das Österreichische Wörterbuch schriftlich und hoffentlich stabil unwiderlegt bestätigt, beim Ausdruck „betreten" um altes Wiener Amtsdeutsch handelt: Das ich mir letztes Mal herauskorrigieren habe lassen, weil das, falls es überhaupt existiere, kein Schwein verstehe, wie mir wiederholt versichert worden war.

Aber auf Versicherungen gebe ich sowieso nichts mehr. Man hat ja gesehen, wie viel sie wert sind. Vielleicht lässt sich die ganze peinliche Angelegenheit aber doppelt profitabel verwerten, als ich ja erstens in der göttlichen Position bin, jede mir widerfahrende Demütigung unmittelbar in bares Gerstl verwandeln zu können. Zweitens kann sie als Beweis dafür herhalten, wie ungemein rockbitchig ich im Grunde meines Herzens eben bin, also voll im Trend, wenn man sich die ganzen angejahrten Damen mit 1.-Bezirk-Strähnchen-Frisuren und voll hoaten Preis-auf-Anfrage-Motorradjacken so anschaut, die gerade überall auf cool aus der Zeitung äugen; Oida. Oder auf den Covern eigener Magazine ihre bislang mühsam unterdrückte ur-oage Rockerbrauthaftigkeit mithilfe eines Visagisten, einer Stylistin, einer Chanel-Bikerjacke und eines professionell gestylten 300-Euro-Zauselkopfs auch endlich einmal freilegen dürfen. Eh nur diese Saison, fürs Frühjahr hat Stella McCartney Blümchen und Rüschen verordnet. Dann verräumen die Bankergattinnen die Lederjacken im Schrank und föhnen wieder; nur ich, ich bin immer noch zerzaust.

Erfinde mir ein besseres

Was jetzt? Ich weiß nicht. Die letzte Woche war: Ich weiß nicht. An vielen Orten gewesen. Jägerschule, Prater-Schihütte, Büro, Hold, Laternenfest, Annas Sofa, Polly Adlers Sofa, Kunsthalle, Bett, Internet, Roter Elefant, Folio-Fest, Millis neue Küche, Wetter, Novelli und hinter den Plattentellern vom phil. Mit vielen interessanten Leuten geredet oder leider nicht, aber ich weiß nicht. Das führt mich wieder nur geradeaus in eine Faustwatsche des Kollegen Dings, der mich rügt, dass ich neuerdings nicht einmal mehr die elementarsten Regeln des Kolumnismus beherzige, nichts als verschwommene Andeutungen, deppertes Namedropping, lose Enden und narrative Sackgassen, aus denen sich der Leser dann genervt wieder auf den Rückweg machen muss, und du kommst dabei im Übrigen ziemlich unsympathisch rüber. Ja. Weiß ich. Aber wenn das nun einmal mein Leben ist?

Dann erfinde dir ein besseres, sagt der Dings, nein: erfinde *mir* ein besseres, ein schachtelsatzfreies, mit einer Struktur und guten Pointen an den richtigen Stellen, ist mir völlig powidl, ob das gelogen ist oder wahr. Ich weiß nicht. Ich weiß nicht. Erst einmal frühstücken. Und an etwas Schönes denken.

Schön ist zum Beispiel das Wetter. Also das neue Lokal am Yppenplatz, von Lea Redolf und Raetus Wetter, vormals Expedit. Dort stimmt alles so wunderbar (bis auf den, so die Mimis, höchst beklagenswerten Umstand, dass es zur Weißwurst kein Ketchup gibt), ich könnte dort tagelang versacken, was allerdings elementar damit zusammenhängt, dass man sich, nachdem man eine von Wetters Appenzeller Käsefladen gegessen hat, stundenlang nicht mehr rühren und gerade noch den Arm zum Verdauungschnapsordern lupfen kann.

Wien wird ja augenblicklich von einem Bobo-Wettrüsten in Atem gehalten: Brunnen- oder Karmeliterviertel? Wo gibt es die lässigeren Lokale, die besseren Marktstände, das Slow-Food-Futter, die Bio-Artischocken, die selbstgepupsten Marmeladen, wo wohnen die cooleren Promis? Seit der Wetter das Wetter eröffnete, steht es 103 zu 102, wenngleich ich am Yppenplatz jetzt nur einen toten Schriftsteller weiß und am Karmeliter-Platz drei lebende; dafür am Yppenplatz viel mehr Musiker, und zwar von den guten; einer tauchte im Wetter auf, als ich gerade drohte, ob der Last der Käseflade unter den Tisch zu rutschen.

Überhaupt kannte ich im Wetter die halbe Gästeschaft, was Neo-Phobiker wie ich zu schätzen wissen, die vor Neuem scheuen und es gerne haben, wenn alles vertraut ist, wenn alles so bleibt wie es ist und es eine Woche oder drei immer das gleiche großartige Essen und den gleichen fantastischen Song gibt, die nie den Mann wechseln und sich die perfekte Jeans gleich dreimal kaufen. Die Pointe für den Dings wäre jetzt, dass sich das mit den Jeans bewährt hat, weil mir noch am Samstag, vermutlich käsefladeninduziert, das Hosentürl platzte, und es wäre zudem original wahr, aber das ist mir zu aufgelegt, sorry, echt nicht.

Ich kann nichts dafür, das Fernsehen ist schuld

Nachdem die Kinder tagelang kränkelten und von ihren erwerbstätigen und/oder ebenfalls kranken Eltern nervenschonend vorm Fernseher gelagert wurden, konnten wir live und vor Ort den Einfluss elektronischer Medien auf den Familienalltag überprüfen. Denn leider macht das Kinderfernsehen die Kinder nicht nur pflegeleicht und gusch, sondern auch klüger, nicht immer im Sinne der Erzeuger. Im inkriminierten Fall entlud sich die neue Kinderklugheit in einer morgendlichen Konversation zwischen einem der Mimis und dem Langen.

Der Lange: „Zieh dir bitte die Jacke an."

Das Mimi: „Glaheich."

Der Lange: „Jetzt!"

Das Mimi: „Du hast mir gar nichts zu sagen, du hast ja nicht einmal ein Sorgerecht."

Die Mutter, vom Langen mit einem irritierten Blick beworfen: „Ich kann nichts dafür, das hat sie aus dem Fernsehen." Hatte sie, Kindernachrichten, Thema EU-Sorgerechtsvereinheitlichung. Das hatte Fragen aufgeworfen. Die wahrheitsgetreu beantwortet worden waren.

Andere haben jetzt was aus dem Radio, den Frenk Lebel nämlich, den FM4 löblicherweise nun doch spielt, nachdem ich die FM4'sche Ignoranz in einer Kolumne bitter beklagte. Bravo, sage ich jetzt und lasse mich von diesem Erfolg natürlich sofort dazu verleiten, hier weitere unerbetene Vorschläge zu machen. Was den FM4lern sicher ungefähr so taugt wie mir, wenn einer, wie am Sonntag im phil, mit einer CD am DJ-Pult erscheint, die er bitte jetzt gern gespielt haben möchte. Tschaulitschau, baba und tschüss. Aber anhören kannst du es dir wenigstens. Nein! Jetzt nicht! Immerhin ergings mir besser als dem Kollegen R., denn der Kerl verzog sich murrend, während beim R. ein adäquater Vorgang damit endete, dass der Kerl dem R. die Pappn panierte. Das war aber auch im Flex, nicht im phil. Im phil wirkt noch die Kraft des Wortes: Zupfst du dich jetzt bitte? Pfff, na gut. Danke, ich muss jetzt nämlich noch einmal „America“ von Simon & Garfunkel spielen, ist gerade mein Lieblingslied. Ja, lacht doch, ist mir powidl.

Kraftderwortemäßig hat dann auch die Laokoongruppe am Sonntag hervorragend live ins phil gepasst, eine meiner diesjährigen Heimspiel-Lieblingsbands. „Walzerkönig“, bitte! Unfassbar großartige Nummer. Gehört auf FM4 täglich zur Stoßzeit gespielt. (Jaja, ich zupf mich eh schon.) Habe ich auch letztens im rhiz wieder aufgelegt, leider vor praktisch leerer Hütte, denn Eugene Chadbourne hatte sein zweieinhalbstündiges Solo-Set gerade mit einer eineinhalbstündigen Banjo-Session beendet. Ein sehr höflicher Mensch, der Herr Chadbourne und ein kraftvoller Performer, solange er nur die Finger vom Banjo lässt. Danach habe ich den „Walzerkönig“ gebraucht wie die drei Liter Grünen Tee gegen den Kater anderntags.

Meine Nullerjahre sind jetzt vorbei, definitiv

„Wann immer jemand in unserem Haus die Stimme erhebt, wird alles gestoppt, egal was wir gerade machen. Time-out sage ich. Du hast etwas auf dem Herzen, nimm dir ein paar Minuten und rede mit mir.“

So ist das bei uns nicht. So ist das, jedenfalls berichtete das André Agassi kürzlich dem *Kurier*, bei den Graf-Agassis in Las Vegas. Wenn in unserem Haus jemand die Stimme erhebt, kommt gleich einer gelaufen und brüllt mit, um auf diese Weise seinen eigenen Ärger über was auch immer loszuwerden. Zu Spitzenzeiten brüllen vier Leute gleichzeitig.

Tagesanbrüche haben eine gute Anlage, Spitzenzeiten zu sein, wobei meistens ich die Erste bin, die ihre Stimme erhebt, denn nach all den Jahren kapiert meine Familie noch immer nicht, dass, wer dauerhaft mit mir auskommen will, mich frühmorgens nicht anspricht. Nicht ansingt. Nicht einmal anschaut. Nicht seinen Kakao auf mein Kissen schüttet. Von mir keinen launigen Kommentar zu dieser abseitigen Zeitungsmeldung oder zur Lage der Nation erwartet. Mich nicht aus der Dusche holt, um mir eine voll lustige Stelle aus dem neuen Lottmann vorzulesen oder mich einen Gürtel suchen zu lassen. Mich nicht fragt, was ich abends essen oder kochen will. Mit mir nicht über die Autoversicherung spricht, die Gasrechnung oder einen Heftumschlag, den ich jetzt gefälligst endlich besorgen soll. Mich keine Fäden einfädeln lässt und mich nicht um Hilfe bei Häkelarbeiten bittet. Mich nicht anmotzt, weil ich schon wieder das ganz falsche Gewand herausgelegt habe und Schinken statt Salami in das Jausenbrot tue. Mich nicht fragt, wie viel kalt es heute eigentlich wird oder ob man noch schnell ein Ärzte-Video auf Youtube anschauen darf.

Auf all diese Dinge reagiere ich ab, sagen wir, elf, aufgeschlossen und gelassen, doch wer in der Früh gegen mehr als zwei meiner Gebote verstößt, muss mit einer Dezibel-Erhöhung rechnen, angesichts derer man bei Agassis sofort die Cops rufen würde. Natürlich ist das meiner rücksichtslosen Brut völlig wurscht und man lässt mich unter vier Verstößen und ohne Gebrüll keinen Tag beginnen. Dankeschön. Aber so ist das bei uns eben. Und bei uns läuft es auch nahrungsaufnahmetechnisch etwas anders als bei Agassis, wo Steffi, so erzählt André, streng auf Ausgewogenheit achte. „Die Kinder dürfen nach einer Pizza nur Proteine und Gemüse essen. Zwei Kohlehydrate-Mahlzeiten hintereinander sind nicht erlaubt." Ja, du. Und ich bin auch überzeugt, wenn Steffi ihre mütterliche Autorität verströmt, hat das auf ihre Familie die vorgesehene Wirkung. Auf meine nicht, aber daran werde ich jetzt arbeiten, denn auch meine Nullerjahre sind jetzt vorbei, ja, definitiv. Wünschen Sie mir also bitte ein schönes, erfolgreiches, respektgeladenes neues Jahr voller friedlicher Morgen im Kreise einer liebenden, kuschen Familie, ich wünsche es Ihnen auch.

Ich tendiere jetzt mehr Richtung würdelos

Es ist bisher nicht leiser geworden im neuen Jahr. Nicht ruhiger, nicht vernünftiger, nicht gescheiter. War ja aber auch gar nicht vorgesehen. Gab ja keine guten Vorsätze, gar nichts, ein paar Pläne vielleicht, aber mehr auf langfristig angedacht, man muss ja nichts überstürzen jetzt, ne. Ist ja eh noch das ganze Jahr für alles Zeit.

Ich bin allerdings froh, dass ich gerade zwei Staffeln „Californication“ am Stück gesehen habe, was ich als, sagen wir, Jahresleitbild durchaus brauchbar finde: Exzess und Ernsthaftigkeit; Kompromisslosigkeit, Koitus und Commitment. Deppert reden, nett zu seinen Freunden sein, ausdrücklich leben, lieben, eine Meinung pflegen, die Kinder liebhaben. Schreiben, Schwimmen, Suff, Sex, Sinnsuche, Suderei, super Sound und schönes Wetter. (Ich sagte: Leitbild, ich habe nichts von unreflektierter, konvergenter Übernahme gesagt, und, ja sowieso ist die Reihenfolge verhandelbar.) Daneben natürlich Klimaschutz, Alliteration, Nachhaltigkeit, Pingpong, Fekter-Watch, Gemüseanbau, Tartes-Tatin-Bäckerei und weitere Themen, die in „Californication“ eher unterrepräsentiert sind.

Und auch wenn ich unter keinen Umständen in dieses dumme Bobobashen einstimmen werde: Es treibt mich derzeit eher ein bissl weg vom Boboistischen, also ich tendiere jetzt mehr Richtung würdelos. Es liegt nämlich, behaupte ich, Stolz in der Würdelosigkeit, das ist kein Paradoxon. Auch wenn, schmecks, sich ein paar Leute aus dem Nichtraucherteil vom Wetter, eh auf lustig, beschweren, dass wir zu laut lachen und brüllen, überhaupt die lautesten seien. Asso, ihr seids das, ist ja typisch! Ja, wir sind das! Und typisch sind wir eigentlich gern, und außerdem kamen gerade alle aus unterschiedlich besinnlichen Weihnachtsferien zurück und müssen jetzt gemeinsam das neue Jahr anschieben, auf dass es allmählich in Gang komme. Es ist viel zu tun! Und, bitte, ich fand, in dieser Gesellschaft an diesem Ort kam es auf hohem Niveau in die Gänge.

Ja. Und erst unlängst habe ich mir beim Sedlacek gedacht: Er ist zwar ziemlich oft ein total blödes Arschloch, und manchmal auch ein echt peinlicher, egomanischer Sack, aber er ist zumindest nicht langweilig. Wir waren, das war noch vor Weihnachten, auf einer Party, und draußen vor der Tür standen ein paar relativ unblöde und unarschlochige Männer beieinander, mit denen man sich ja durchaus gern ein wenig unterhalten hat, auf dem Weg zum Klo und retour, aber drinnen, am Tisch und auf der Tanzfläche mit Sedlacek, dem blöden Arschloch, war es um Häuser unlangweiliger. Weil Sedlacek die Kunst beherrscht, sich einen Dreck um sein öffentliches Ansehen und seinen Ruf zu scheren, wenn es die Situation erfordert, was mir, apropos „Californication", ein überaus sinnvolles Lebenskonzept zu sein scheint: Jetzt gerade auch abseits von Partys, und ich will es mir für 2010 hinter die Ohrwaschl schreiben.

Aber dann bleibt doch wieder nur das Sudern

Jetzt schaue ich abends beim Abwaschen immer Lesbenpornos. Gegenüber sind zwei eindeutig zusammengehörige Damen eingezogen und der Fernseher steht wieder da, wo er schon stand, als noch eine alte Frau dort lebte, die immer Kinderfernsehen sah. Die ist wohl jetzt im Heim, und ich schaue beim Abwaschen immer Lesbenpornos, und brauche fürs Abwaschen eine Stunde. Boah. Da schau. Manchmal komme ich aber gar nicht dazu, weil der Lange eine Stunde lang genau aus diesem Küchenfenster rauchen muss; dabei haben wir einen Balkon, aber nein, dieses Fenster muss es sein.

Gar nicht wahr. Ich wollte nur, wie letztes Mal leichtfertig angekündigt, mehr Sex ins neue Jahr bringen; es wird aber doch wieder nur das Sudern und das Streiten übrig bleiben. In Wahrheit tragen die Lesben von gegenüber immer Jogginghosen und sehen den ganzen Tag amerikanisches Sportfernsehen, ununterbrochen, sogar wenn sie gar nicht zu Hause sind. Sie haben einen Mops, der ist so fett, dass er für den Weg zwischen der Couch und der Tür 18 Sekunden braucht, ich habe einmal mitgezählt, aber nicht während des Abwaschens, sondern während ich darauf wartete, dass das Teewasser kocht. Wir haben eine Spülmaschine, ich wasche eigentlich selten ab. Nur dass der Lange, das Lulu, aus diesem Fenster raucht, stimmt, was ich total unsportlich finde. Wer rauchen kann, kann auch am Balkon frieren, habe ich bitte fast den ganzen letzten Winter gemacht, bis ich das Rauchen aus div. Gründen wieder aufgab, u.a., weil mich der Lange, der jetzt immer zum Fenster hinausraucht, mit seinem ständigen Genörgel genervt hat, weil ich schon wieder rauche, hatte ich nicht eben gerade geraucht? Ja. Und?!?

Heuer streiten wir ersatzweise darüber, dass ich zu oft vor dem Computer sitze und sonntags immer arbeite, ja, Entschuldigung, damit verdiene ich nun einmal mein Geld. Und darüber, dass ich abends vor dem Einschlafen keine Filme sehen will, in denen Frauen und Kinder niedergeballert werden, eigentlich will ich überhaupt nie mehr Filme sehen, in denen Frauen und Kinder niedergeballert werden, weshalb ich auch künftig von dem Wissen ausgeschlossen sein werde, wofür genau Christoph Waltz den Oscar bekommen hat. Ich möchte lieber nur noch warmherzige, gutgläubige Filme sehen wie Woody Allens „Whatever works", der sich in jede aufgelegte Pointe schmeißt und sich darin wälzt, wie eine verspielte Sau in einem warmen Schlammloch, was natürlich irgendwie nur bei Woody Allen funktioniert und lustig ist. Und wo am Ende die Schöne den Schönen abkriegt und der Schwule den Schwulen und die Künstlerin zwei Künstler und der Suderant die Nette, und der ist dann sogar so etwas ähnliches wie glücklich. Schön. So will ich das, und natürlich hat der Lange nur gesudert, wie wir wieder aus dem Kino raus sind, kein Geballere, nichts, aber ich habe gar nicht hingehört.

Geschichte wehe mich an

Tatsächlich hat der Lange, glauben Sie es oder nicht, die Lesben von vis-a-vis kürzlich beim Sex beobachtet, während er zum Fenster hinausrauchte. Die, die nie Pornos schauen. Hat er mir erst nach Lektüre der letzten Kolumne erzählt. Dabei waren, wie immer, die Schlafzimmervorhänge zu, aber einer zufällig im richtigen Winkel offen stehenden Tür und daraus resultierenden Spiegelungen verdankte der Lange eine Sichtung, deren Einzelheiten ich dann nicht so genau wissen wollte. Das Leben imitiert wieder einmal die Kunst; nein, die Kolportage. Sonst habe ich diese Woche nichts zu erzählen, auf Wiedersehen.

Doch, ich habe die Bühnenhemden der Fehlfarben gesehen. Das hat mich merkwürdig berührt. Die Hemden hingen an der Wand eines Ateliers, und ich hätte sie gerne fotografiert, so wie sie da hingen, habe mich aber nicht getraut. Auch nur zu fragen wäre mir wie ein Sakrileg vorgekommen. Es deuchte mich, Geschichte wehe mich an, und zwar eine, die erst gemacht wird, wenn die Fehlfarben bald ihr neues Album „Glücksmaschinen" live vorspielen. Ich habe es schon, Peter Hein hat es mir geschenkt. Hein sitzt übrigens heuer in der Jury des Protestsongcontests, was, weil ich mir keinen denken könnte, der dort mit größerer Berechtigung säße, der substanzielle Grund ist, warum ich doch auch wieder dort sitze. Obwohl ich mir und jedem, der es hören wollte, ein knappes Jahr lang schwor, dass ich mir das gewiss nicht mehr antue, hunderttausendprozentig nicht. Weil, wozu? Damit der junge Mensch mir wieder seinen Mittelfinger präsentieren kann? Ich habe auch andere schöne Hobbys, dankeschön; zum Beispiel bin ich weit über die Grenzen dieser Wohnstatt hinaus für meine Hühnerleber-Paté berühmt, und Faschingskostüme für die Kinder sind leider auch wieder zu nähen. Ich könnte dabei die kolossale neue Fehlfarben hören, die mir Peter Hein geschenkt hat, ja.

Beziehungsweise ich würde, wie ich voreilig zugesagt habe, auf die Faschingsparty von der Fischer gehen, gemeinsam mit Anna im knappen Flugbegleiterinnen-Kostümchen, das verpasst die Welt jetzt leider auch, und ich werde stattdessen nach Mitternacht in der Verkleidung eines zart angeflaschelten Protestsongcontestjurymitglieds erscheinen, wenn alle anderen schon lustig sind und ich nur ausgebuht. Ich habe mir den Anschiss von der Fischerin und der Anna schon abgeholt, wobei die Anna nur noch resigniert geseufzt hat: Sie wurde jetzt schon wiederholt Opfer meiner nachlässigen Kalenderführungspolitik. Und es ist auch nicht das erste Mal, dass ich vergesse, dass am 12. Februar immer und immer am 12. Februar Protestsongcontest im Rabenhof ist, und ich natürlich trotz gegenteiligsten Geschwörs erneut da oben auf meinem Stühlchen sitzen und Punkte vergeben werde, selbstverständlich wie stets an die falschen, jaja. Aber diesmal wird Peter Hein neben mir sitzen, dort in der Politdisko, und das Leben wird die Kunst angrinsen und die Kunst wird zurückgrinsen, und es wird gut sein, ja, es wird.

Ich bin irgendwie keine Rampensau

Es hat auch Vorteile, wenn die Kinder weg sind. Also, wenn dieser Scheiß-Bus endlich abgefahren ist. Bis dieser Bus abgefahren ist, mit den Kindern darin, die unununbedingt ins Schilager wollten, aber jetzt ihre Entscheidung schluchzend bereuen, durchläuft man allerdings den puren Höllen-Horror. Ich habe von Vätern gehört, die während dieser zwanzig Minuten final ergrauten. Es war so entsetzlich, dass schließlich mehrere Eltern am Gehsteig auf die Knie fielen und den Busfahrer händeringend anflehten, sein Gefährt endlich in Bewegung zu setzen. BITTTTEEEE! Die Qual ist UNERTRÄGLICH! Und wurde leider dadurch verlängert, dass manche Eltern noch ein achtes Mal in den Bus stiegen, um ihre Kinder zu beruhigen, was selbstredend den gegenteiligen Effekt hatte. Bittebittebitte, ich halt das nicht mehr aus, fahrt endlich! Als der Bus dann um die Ecke bog, gaben sich die Eltern High five und begannen umgehend, die ersten Stationen ihres lange vorbereiteten Halligallis abzuarbeiten. Der Lange und ich zum Beispiel gingen sofort wieder ins Bett, schoben am helllichten Tag DVDs ins Gerät, bestellten Pizza und Bier und ließen uns so grauslich gehen, wie wir es in der Prä-Mimi-Epoche jedes Wochenende getan hatten.

Leider verließen wir dann in der Dunkelheit noch einmal das Haus. Es hat auch Nachteile, wenn die Kinder weg sind, man geht fahrlässig zu vorher schlecht recherchierten Veranstaltungen und trinkt dort zu viel, anstatt wie gewöhnlich beim „Tatort“ einzuschlafen. Weshalb man anderntags dann müder ist als vorgesehen. Zudem hat der Lange nicht wie üblich um halb acht mit den Kindern das Haus verlassen, sondern liegt um halb neun noch neben einem im Bett und formuliert, während man gerade verzweifelt Kolumnenthemen aus dem Internet kratzt, Sätze wie diesen: „Du kommst mir ein bissl vor wie Elvis in Vegas.“ Ja, dankeschön! So fängt man den Tag gerne an! Kommt zurück, Kinder!

Allerdings war ich auch Elvis in Vegas, als die Mimis noch da waren. Palmetshofer, Heavy Trash und dann auch noch im Schauspielhaus Popismus predigen mit meinem alten Zürcher Nachbarn, Reverend Tobi Müller. Was interessant, aber insofern irritierend war, als wir vor 150 Leuten anfingen und vor 15 aufhörten. Während das Publikum in großen Trauben den Saal verließ, erhielt ich unablässig SMS vom lustigen Fotografen und vom lustigen Verleger, ich solle dalli im Dings erscheinen. Ich smste, ich könne nicht, ich säße auf einer Bühne und verrichte Erwerbsarbeit. „schleich dich runter von der bühne!“, smste der Fotograf, und das hätte ich gerne gemacht, beziehungsweise ich hätte mich gerne sub Bühnenboden verkrochen. Ich bin nicht geschaffen für die Bühne, ich bin lieber Publikum. Als Publikum bin ich, wie die Menschen, die ich beim Heavy-Trash-Konzert im Flex mit Bier beschüttete, bestätigen werden, richtig gut. „Is uuuuuuuu I want!“ Yes, Jon Spencer, yes, yes, yes.

Ja, aber kann Palmetshofer auch skifahren?

Zweimal haben sie diese Woche angerufen, einmal aus der Schule, einmal aus dem Hort: Dem Mimi gehe es nicht gut, das Kind liege blass und still auf einer Bank und sei sichtlich krank, könnte man es in absehbarer Zeit bitte abholen kommen? Sicher kann man, man braucht dazu nur die Erwerbsarbeit zu unterbrechen. Beim zweiten Mal marschierte die Mutter, vorbei an den Hortbetreuerinnen, auf das Kind zu, das blass und still auf einem Sofa lag und sagte: Verdammt noch mal, du bist nicht krank, ich weiß es genau! Das hat auf die Hortbetreuerinnen, zumal es offenbar neue Frischlingspraktikantinnen waren, gewiss keinen guten Eindruck gemacht. Das Mimi aber nahm sofort Farbe an und sah sich in der Lage, sich zu erheben und Mantel und Schuhe anzuziehen.

Selbstverständlich war es – ich kenne mein Kind –, kaum hatten wir die heimischen vier Wände betreten, wieder pumperlgesund und machte ein großzügiges Angebot: Um es Mutter zu ermöglichen, die unterbrochene Arbeit wieder aufzunehmen, wäre es bereit, sich den Rest des Tages vor den Fernseher zu setzen und sich mit Schokokeksen und Mozartkugeln als Nahrung zu begnügen. Ja, ganz gewiss, sonst noch etwas. Du spielst oder liest, und ich koch dir ein extra gesundes Mittagessen und schnippel dir tüchtig Obst, auch wenn ich dafür überhaupt keine Zeit habe.

Immerhin: Es war richtig, dieses Mimi in den Schauspielkurs zu schicken, es bringt ideale Voraussetzungen mit, vor allem aber eine Veranlagung zur Hysterie, die es ihm ermöglicht, sich in die Einbildung, es sei krank, so glaubhaft hineinzusteigern, dass es wirklich krank wird. Und auch andere von seinen Einbildungen zu überzeugen, was kürzlich dazu führte, dass ein Übernachtungskind spätabends nach Hause gefahren werden musste, weil das Mimi sich und ihm erfolgreich eingeredet hatte, im Kinderzimmer habe es purgatorische Temperaturen, man verbrenne, schmelze, verglühe, vertrockne und ersticke. Die Kinder liefen nackt und hysterisch heulend durch die Wohnung und schrien; diese Hitze!, sie verbrennten!, und niemand – NIEMAND! – helfe ihnen!, und es hatte nicht den geringsten Sinn, auf das Thermometer zu weisen, das laue 19 Grad Celsius anzeigte. Ob man denn die Glut nicht spüre?!? Man verbrenne, man verbrenne.

Das hat es genauso wenig von mir wie das andere Mimi das im Skilager von Experten diagnostizierte Talent zum Skifahren: Es gewann auch sofort das Rennen seiner Gruppe. Und es ist eine typisch revanchistische Finte des Schicksals, dass meine Kinder genau in jenen Bereichen ausgeprägte Begabungen zeigen, die mir relativ stark am Arsch vorbeigehen. Wenngleich sich mein Verhältnis zum Theater in letzter Zeit vorsichtig entspannt hat, was vor allem an Ewald Palmetshofer liegt, aber kann der auch so skifahren, dass es mir mit einem Mal reizvoll erscheint? Das glaube ich nicht. Dennoch will ich fröhlich sein.

Lass uns Freunde bleiben

Am Tag danach fühlte ich mich wie eine Frau, die nachts zuvor gegen zwei Uhr früh vor der total angesagten Bar 3 in der Linienstraße einen Schwächeanfall erlitten hatte. Immerhin in einem Winkel, in dem ich von Rainald Goetz, der inwändig Bier trank, dabei nicht beobachtet werden konnte. Reverend Tobi Müller, von dem ich mich kurz davor sehr eilig verabschiedet hatte, sah mich auch nicht, und Herr Daniel Schreiber, ein attraktiver Kolumnistenkollege von der Zeitschrift Cicero, hatte die Lokalität dankenswerterweise bereits früher verlassen, sodass er nicht Zeuge des nachlassenden Stehvermögens der Wiener Kreativwirtschaft wurde. Wobei: Anna stand noch.

Ich hatte aber, das kann ich reinen Gewissens notieren, den ganzen Abend nur fünf Weißweinschorlen konsumiert, es lag also nicht daran, dass ich die 14-tägige Phase des selbstgewählten Temperenzlertums mit einem krachenden Exzess beendet hätte. Nein, ich hatte sogar den Hauptteil des besagten Abends in einer feuilletonistisch wertvollen Kulturveranstaltung verbracht und bin jetzt auch Pollesch-Fan. Womit ich mich zugegebenermaßen nicht als Trendsetterin ausweise, denn ohne Zweifel bin ich hiermit der letzte Pollesch-Fan im deutschsprachigen Kulturraum. Alle anderen waren es schon längst, auch Schreiber, mit dem ich bei der anschließenden Nachbesprechung ein bilaterales Erwähnungsabkommen verabschiedete, das von meiner Seite hiermit als erfüllt, wenn nicht übererfüllt betrachtet werden kann.

Ich war – erwähnte ich das schon? – mit Anna in Berlin und wurde postpollesch von einheimischen Szenewizards in die Karl-Marx-Allee und dort in eine der angesagten Lokalitäten geführt. Das Etablissement nannte sich Freitagsküche und es hieß, der angesagte Münchner Künstler Björn Dahlem koche diesen Abend dort öffentlich, aber als wir hinkamen, wurden wir nur Zeugen des Auftritts eines derart jammervollen Sängers, dass er in Wien auch in einer sehr viel weniger angesagten Lokalität binnen Minuten unter Androhung schwerer Faustwatschen der Bühne verwiesen worden wäre. Aber in Wien ist ja auch das Show-Kochen noch immer out.

Berlin und Wien, das lässt sich allerdings sowieso nicht vergleichen. Zum Beispiel malen wir in Wien ein Lokal frisch aus, bevor wir es eröffnen und kratzen nicht, wie in Berlin, den schönen Putz von den Wänden, legen alle Leitungen frei und picken sie mit Gaffa an der Wand fest, damit es mittiger ausschaut. Und wir geben dem Lokal dann auch keinen Namen wie „Kauf dich glücklich", „Mädchenitaliener" oder „Lass uns Freunde bleiben", wie in Mitte, und spielen dann ausschließlich Radio-Wien-Musik. Wann haben Sie das letzte Mal Billy Joel gehört? Ich am Sonntag, in einem neuen Mitte-Lokal mit abgeschrabbelten Wänden, das „Mein Haus am See" heißt. Uncool ist das neue cool. Wir Wiener können von den Berlinern noch viel lernen. Wir gingen dann in die Bar 3 und hörten Carly Simon. Schön wars. Rainald Goetz ist sehr klein.

Das mit den Namen war keine gute Idee

Drei Wochen lang hatten wir Lazarett. Kind krank, Kind krank, Mutter krank, Kind krank, Kind krank, und jetzt sind die Mimis komplett ruiniert vom Fernsehen. Sie singen und tanzen Werbespots nach, träumen schlecht, haben das Spielen verlernt und zucken wegen jedem Scheiß aus. Die Mutter im Übrigen auch. Die Mutter würde wieder einmal gern ein paar Stunden lang nicht angesprochen werden, von niemandem, einfach nur gar nicht. Nur den Sound of Silence hören, verziert mit ein paar Geräuschen von der Straße und aus dem Ballkäfig, die mit mir nichts zu tun haben und an denen keine Forderungen und Beschwerden appliziert sind. Wieder ganze Tage nur unter Erwachsenen verbringen, in Ruhe in der Redaktion schreiben, Mittagessen gehen mit der und dem, dazu Wein trinken, statt Nutella-Brote schmieren und magenschonendes Karottensüppchen nach dem Rezept von Dr. Urban kochen, das dann sowieso abgelehnt wird. Gemoser, den ganzen Tag.

Dieses wurde immerhin am Samstag unterbrochen von Horwaths 50er, im Wetter, sehr nett. Wir schmissen die Kinder in der Ecke auf einen Haufen, warfen Nintendos und Weißwürste mit Ketchup hinterher (die vorbildlich guten Wetter-Menschen haben die Ketchup-Anregung sofort aufgenommen) und konnten so mehrere Stunden ungestört mit Erwachsenendingen verbringen, aka trinken, rauchen, reden und Blut- und Leberwürste vom Metzger Fontain in Dornbirn essen, ohne dass die Kinder dazu Würgegeräusche machten. Das war sehr schön, obwohl das Geschenk für den Horwath nicht rechtzeitig angekommen war, dabei hätte es so gut zu den Würsten gepasst. Und der gute Herr Devich war extra noch am Mittwochnachmittag in Bezau, Bregenzerwald, mit einem

Paar wunderhübscher, lammfellgefütterter Rindsfell-Hölzler der Größe 45 zur Post marschiert, wo man es dann genau so lange liegen ließ, dass es dann pünktlich nicht ankommen, sondern erst Montag früh geliefert werden konnte. Danke, liebe Post.

Deswegen kann ich auch noch nichts über die Horwath'sche Reaktion erzählen, der uns exilierte Xiberger (plus dem Langen) jetzt seit Jahren wegen dem Schuhwerk verlästert, das wir im Waldviertel praktisch ausschließlich an den Füßen tragen. Aber heuer hat ja auch Lagerfeld Holz-Clogs, das überzeugt den Horwath vielleicht von der Sinnhaftigkeit seines Geschenks. Weil: Was schenkt man einem wie dem Horwath zum Fünfziger? Das Werkzeug, damit er endlich mal eins seiner fetten Sulmtaler mordet, hat er schon gekriegt. Gut: Die Felders schenkten ihm ein Kochbuch mit Hendl-Rezepten, das wird er hoffentlich bald benützen. Er nennt die Hendln jetzt auch schon „Hendln" und nicht mehr bei ihren Namen, wir waren von Anfang an gegen die Namen, da wird doch das Verhältnis vom Bauern zu seinem Schlachtvieh viel zu intim und vertraulich. Wir halten es für einen Schritt in die richtige Richtung, dass der Horwath dieses Verhältnis jetzt allmählich auf eine prosaischere Ebene herunterschraubt. Wir haben nämlich Hunger.

Geht mich nichts an

Nicht nur die Kirche muss derzeit darüber nachdenken, was man mit Kindern alles nicht tun darf, auch ich. Der Wunsch, mein Kind zu hauen, ist dieser Tage überwältigend. Ich tue es, wie immer, nicht, würde aber sehr gern. Es ist nämlich nicht so, dass Trotzphasen kommen und gehen und irgendwann aufhören, nein, das Kind performt jetzt einen Trotzphasen-Remix mit besonderem Engagement in den hohen Frequenzen. Die, bei denen ich leicht die Beherrschung verliere, was, wie mir einer meiner Psychiater am Samstag bei Wirtens erklärt hat, wahrscheinlich von einem selektiven Hörschaden herkommt: Wenn im Lokal der Geräuschpegel hoch ist, höre ich meinen Gesprächspartner zu wenig, wenn das Kind mich angreint, leider zu viel. Immerhin haben sie uns bei Wirtens das fantastische Abendessen zu Ehren von Horwaths nichtendenwollendem 50er nicht ruiniert, sie waren im Kinderzimmer damit beschäftigt, ihre Strategien im Geschlechterkampf zu verfeinern und Schuhe anzuzünden: nicht meine Wohnung, geht mich nichts an, ich muss mich mit dem Rindfleischsalat, den scharfen Garnelen-Nudeln, dem Steak mit Garnitura Dalmatinska, dem Tiramisu und der Joghurt-Panacotta beschäftigen, ich habe gerade keinen Kopf für etwas anderes.

Und ich war auch zu dankbar, überhaupt endlich stabil an Wirtens Tisch zu sitzen, die Kinder wollten ja zuerst nicht hin. Nachdem sie sich die ganze Woche über bitter beklagt hatten, dass ihre grausamen Eltern ihnen ständig aus purem Egoismus den Kontakt zu anderen Kindern verwehrten, den und die und die und den hätten sie jetzt schon seit ewig, was heißt: seit Jahren praktisch nicht gesehen, NIE führe man sie anderen Kindern zu. Und wie wir am Samstag zu Wirtens und ihren Kindern aufbrechen wollten, erscholl großes Geheul, das sei ja wieder eine spezielle Grausamkeit, einem überarbeiteten, erschöpften Schulkind seine verdiente Wochenend-Freizeit zu rauben, nie könne man sich ausruhen, nie erholen, nie in Ruhe spielen (aka fernsehen), es sei eine unablässige Quälerei. Und nein, man gehe auf keinen Fall mit und ziehe sich jetzt sicher nicht die Schuhe an; überhaupt, was sei das für eine Art der Kommunikation, den ganzen Tag nur Befehle, Befehle, Befehle. Natürlich vernahmen wir, als wir sie um elf bei Wirtens einpackten, das gleiche, nur andersrum, aber da hatte das viele Essen und Trinken meinen selektiven Hörschaden derart verstärkt, dass ich gar nichts mehr hörte.

Der Horwath hatte bei Wirtens zu unser aller Erstaunen die Bregenzerwälder Kuhfell-Hölzler an den Füßen, in die er, gegen alle Prognosen – außer meiner – offenbar sofort nach Überreichung eingezogen ist. Der Horwath sagt, super, alles was das Leben verlangsame, sei ihm gerade sehr recht. Mein Leben würde derzeit schon von einer partiellen Verleiserung massiv profitieren.

Da geht noch was

Man muss die Dinge genau so lange liegen lassen, bis man vor Angst kurz vor dem Herzinfarkt steht und keine Nacht mehr durchschläft. Die Angst muss einem auf der Seele liegen und auf den Magen schlagen. Der Selbsthass muss einem bis einen Millimeter unter den Nasenlöchern stehen. Praktisch ist, wenn man in so einem Fall über eine gewisse Lebenserfahrung verfügt, die einen gelehrt hat, dass es dann, unmittelbar bevor man mit einer Panik-Attacke eingeliefert wird, auf einmal geht. Darauf vertraue ich jetzt erst einmal. Das große, das zukunftsweisende Projekt wurde projektiert, dingfest gemacht und auch letzte Woche wieder offensiv vertrödelt, ist ja noch Zeit. Der Selbsthass steht auch erst knapp bei den Brustwarzen, das reicht nicht, das ist für einen kreativen Schub noch lang nicht genug, da geht noch was.

Das kleinere Projekt dagegen ist so gut wie im Kasten, nur eins der Mimis, die dafür je zwei völlig unschuldige Körperteile für ein Buch-Cover in eine Kamera halten sollten, ist jetzt doch nicht bereit, bei dem Unsinn mitzumachen. Sicher nicht, such dir ein anderes Kind. Will ich nicht, ich brauch dich. Nein. Du kriegst einen Euro. Hahaha. Drei Euro. Nein. Fünf! Trotzdem nicht. Aber der Fotograf hat schon gaaanz berühmte Leute fotografiert, zum Beispiel die Christina Stürmer und den Bundespräsidenten! Mir wurscht. Du machst da mit, Herrschaftszeiten! Nein.

Ich werde Anna auf das Mimi ansetzen müssen, von Anna fühlt das Kind sich verstanden, ganz anders als von seiner blöden Mutter, die immer nur herumkeppelt, einen zum Essen, zum Baden und zum Schlafen zwingt, einen in der Früh aus dem Traum reißt, nie mit einem das „Frühlingsfest der Volksmusik" anschaut und einem nicht einmal Geschenke mitbringt, wenn sie verreist. Dabei ist es ein klares Geburtsrecht jedes Kindes, dass Eltern, die mit Koffern das Haus verlassen, mit Geschenken wiederzukommen haben. Das ist ein DJ-Koffer, Schatzl, ich verreise nicht, ich lege nur im phil auf. Es ist ein Koffer, bring mir etwas mit. Anna bringt mir auch immer etwas mit.

Anna wird das machen, das mit der Fotosache, das ist sie mir auch schuldig, wenn sie schon unbedingt ihre perverse Veranlagung an den Mimis ausleben muss. Denn Anna schaut so gern das Dingsfest der Volksmusik, aber sie schaut es nicht gern allein, und außer den Mimis, die sich alles anschauen, solange es nicht gruselig ist, macht das ja keiner mit. Ich habe versucht, den Kindern zu erklären, dass das aber wohl gruselig ist, entschuldigung, das ist womöglich das Gruseligste, was das Fernsehen überhaupt zu bieten hat, aber ich finde, wie stets, kein Gehör – und in Anna diesmal keine Komplizin, sondern darf mir jetzt 24/7 volkstümliche Lieder aus Kinderkehlen anhören, Schwerpunkt Liebe im Frühling. Herrlich, vergeltsgott. Dafür regelst du das mit dem Foto, dankeschön, dann bin ich eventuell bereit, das zu verzeihen, e-ven-tu-ell.

Sitzen, nicht schwitzen

Muss heute Büsche galore besorgen und eilends einpflanzen. Der nachbarliche Rohbau tut mir in den Augen weh. Sind nette Menschen, die Rohbauer, winken immer freundlich herüber, und wir schauen ihnen jetzt schon das dritte Jahr zu, wie sie Wochenende für Wochenende je drei Ziegel aufmauern und dann pro Ziegel erschöpft je zwei Bier trinken. Andere Nachbarn haben erzählt, die Rohbauer planten, ihr Haus fertig zu haben, wenn sie in Pension gehen, und die Rohbauer sind etwa in unserem Alter und arbeiten, soweit mir bekannt ist, nicht bei Post und Bundesbahn. Muss also Büsche besorgen. Wir suchten gestern Abend, nach dem Essen bei Horwaths, in den Horwath'schen Baumbüchern nach dichten, schnellwachsenden Bäumen, und Pfirsich, Kirsche, Zwetschke leider nein. Flieder, Holunder und Haselnüsse, das wirds.

Man ist nämlich wochenends wieder am Land. Die Kinder hämmern zufrieden Nägel in Bretter. Der Lange verdaut schnell die schöne Hilde-Party, die noch schöner gewesen wäre, wenn wir nicht aufgelegt hätten. No more, absofuckinglutely no more Party-DJing. Ich hatte dem Hilde-Mann gleich gesagt, dass das keine gute Idee ist, ich habe noch die Mails, in denen ich ihm erklärte, dass das nicht funktioniert, denn auch wenn er und die Hilde hundertmal sagen, dass wir spielen können, was uns Spaß macht: Die Gäste von so einer Party sehen das nie so, für die bist du Personal, das genau das zu spielen hat, zu dem sie gern tanzen, was immer irgendetwas aus den Achtzigerjahren ist, zu dem sie letztes Mal so geil getanzt haben. Und auf dieser Party gab es ein paar Gäste, äh, ja. Also, ich gab nach fünf Nummern auf und übergab an den Langen, der das normal besser drauf hat mit der Tanzmusik. Und der hätte einfach auch nach fünf Nummern aufgeben sollen, aber der Lange ist ein sturer Hund, der sich von blonden Mauserln nicht sagen lässt, was er zu tun hat.

Bald konnte ich von der Bar aus beobachten, wie der Lange und der Freund von der Blonden über das DJ-Pult hinweg ein einschlägiges Gespräch führten. Mit so nach hinten gereckten Fäusten, Nase an Nase, wo man sich denkt: Ein schnellwachsender Busch wäre jetzt gut. Der Lange hatte der Blonden wohl nach ihrem fünften Spiel-gefälligst-Auftritt gesagt, sie möge sich schleichen. Der Freund von der Blonden hatte dem Langen wohl gesagt, so rede er aber nicht mit seiner Freundin. Der Lange hatte dem Freund wohl gesagt, und er schleiche sich bitte gleich mit etcetera etcetera. Daraus lernen wir dreierlei: Erstens, ich bin ein Sitzmusik-DJ, zweitens, der Lange auch, drittens, man bleibt am besten immer in seinem eigenen kleinen Biotop mit seinen eigenen Leuten, die auf solche Ideen gar nicht kommen. Natürlich macht man sich so keine Freunde, aber: Brauchen wir auch nicht. Die paar, die uns aushalten, haben wir schon; die Hilde ist uns, glaub ich, eh nicht mehr bös, und da kommt schon der Horwath, und, schau, er hat einen Busch unterm Arm.

Das wirkt ja manchmal tatsächlich

Das Landleben wird kurz unterbrochen. Wir müssen jetzt (was natürlich längst Geschichte ist, wenn Sie das lesen), aber wir müssen jetzt zum Fehlfarben-Konzert. Der Lange würde lieber am Land bleiben und die Fehlfarben ausnahmsweise auslassen, er hat sie schon öfter gesehen. Aber ich noch nicht. Mir gefallen ja die Fehlfarben erst seit den letzten zwei Alben so richtig; ja, sicher, ich respektiere die immense Bedeutung der frühen Fehlfarben für die deutsche Pop- und Dichtkunst, aber die späten Politdisko-Fehlfarben sind mir inhaltlich und musikalisch eindeutig näher. Vor allem das Konzept des misanthropen exjungen Herrn, das Peter Hein auch in seiner Freizeit mit viel Leben erfüllt, das irgendwie auch meinen generationstypisch schrumpelnden Optimismus-Quotienten legitimiert. Obwohl, stimmt so nicht. Tatsächlich hat mein vor einiger Zeit gefasster Entscheid, in heiterer Gelassenheit und, zur Vorbeugung von Böse-Hexe-Falten, mit stets nach oben zeigenden Mundwinkeln durchs Dasein zu schwingen, durchaus Fakten geschaffen, dieses amateurbuddhistische Tralala wirkt ja manchmal tatsächlich.

Er wird nur durch die Kinder, deren Mundwinkel derzeit fast ständig vertikal abwärts weisen, starken Erschütterungen ausgesetzt. Permanent wird man brutal aus seinen heiter-gelassenen Gedankengängen geschupft, z. B. von einem Kind, das zornigen Antlitzes dazu auffordert, gefälligst etwas suchen zu gehen, das genau vor seiner Nase liegt oder endlich einmal etwas zu kochen, das die Würde eines Kindes nicht mit Füßen tritt. Das torpediert meine edlen Vorsätze und begünstigt meine Heinisierung, noch ein Grund, kurz aus der österlichen Landidylle zu desertieren, also das arschkalte Waldviertel und seine der nationalen Grünwerdung tüchtig nachhatschende

Natur gegen die blühende Großstadt einzutauschen. Denn dort auf der Post sollte das von den Kindern seit Monaten bestellte Ostergeschenk liegen, ohne das der Osterhase besser nicht in unserer Wiese aufkreuzen sollte: die aktuelle Verwirrung der Spielzeugindustrie, in China von kleinen Kinderhänden aus vergifteten Weichmachern hergestellte Wackelkopftierchen, und falls Sie nicht wissen, was das jetzt wieder sein soll, fragen Sie nicht. Entweder lernen Sie es eh noch von Ihrer Brut, und das wird früh genug sein, oder es gehört zu jenen Erfahrungen, wo es voll okay ist, wenn man sie nicht macht.

Während der Lange und ich den Abend bei den Fehlfarben verjuxen, bleiben unsere Gäste mit den Mimis am Land. Die Gäste haben drei Buben und durften kürzlich erleben, wie zwei davon im Nebenzimmer grundlos christliche Ostergesänge anstimmten. Mutter und Vater erkannten schockiert: Mein Gott, wir ziehen die Flanders groß. Wo ich sage: Ein bisschen mehr gütelnde Flanderei würde mich bei meiner Brut momentan nicht beunruhigen. Peter Hein ist in Wirklichkeit übrigens auch total nett.

Können wir das schaffen?

Am Donnerstag hat mich die Hausverwaltung angerufen: Ob bei uns zufällig eingebrochen worden sei, unten bei der Haustür sei die Scheibe neben dem Türknauf eingeschlagen worden, die WEGA sei bereits alarmiert. Das ist ... Das ist saudeppert, weil die Koinzidenz es will, dass mir der Lange abends zuvor berichtet hat, er habe beim Heimkommen irrtümlich eine Scheibe an der Haustür eingedrückt, und jajaja, er werde die Hausverwaltung umgehend, sofort und gleich informieren. Eine Aufgabe, die nun an mir pickt, und die ich bravourös mit vielen Ähs, Öhs und Entschuldigen'S manage. Ich erledige auch den kurz darauf via Haussprech-Anlage einlangenden Auftrag, über die die Nachbarin freundlich anfragt, ob wir, wenn wir schon das ganze Haus in Einbruchspanik versetzen, wenigstens bitte die Scherben zsammkehren könnten. Sicher. Können wir. Kann ich.

Ich meine, ein normaler Mensch, der irrtümlich eine Scheibe im Haus einschlägt, würde danach wieder hinuntergehen und das Gescherbs entfernen. Aber. Man kann ersatzweise auch zweimal drübersteigen, und damit unseren Ruf als beliebteste Hausbewohner zementieren. Wir sind die, die bei der Balkonwässerung Hauswände, offene Fenster und ungünstig geparkte Cabrios mitgießen. Wir sind die, in deren Stockwerk aufgrund nachlässig geschlossener Lift-Türen immer der Aufzug steckt. Wir sind die, die den Aufzug ruinieren, in dem wir widerrechtlich das Wochenend-Gepäck damit hinunterfahren lassen, worauf dieses zwischen zwei Stockwerken umkippt, worauf der Lift stecken bleibt, worauf der Wochenend-Aufzugsnotdienst undsofort. Wir sind die, die immer vergessene Schlüssel vom Balkon werfen, die dann nicht in unserem Besitz befindliche Autodächer eindellen; die Cabrios parken in so einem Fall zuverlässig woanders. Wir sind die, die dafür verantwortlich sind, dass in allen Blumenkisteln des Hauses nur noch Löwenmäuler in allen Farben blühen. Wir sind die, die morgens um halb acht alle, die das noch nicht sind, wach machen, weil sich Erziehungsberechtigte und Kinder durchs Treppenhaus noch etwas nach- beziehungsweise retourzubrüllen haben. Wir sind die, vor deren Tür sich ein Berg aus kaputten Elektrogeräten, ausrangierten Regalen, alten Rollern und zu klein gewordenen Kindergummistiefeln auftürmt, was, wie ich der Nachbarin mit mäßigem Erfolg klarzumachen versuche, Einbrecher keineswegs anlocke, sondern final abschrecke.

Insofern ist es überaus bedauerlich, dass die zwei Depperten aus dem dritten Stock letztes Jahr ausgezogen sind und durch eine dezente, freundliche und ordentliche Familie ersetzt wurden, die, anders als die zwei Depperten, nicht beim Kochen einschläft, nie die Tschick auf der Stiege austritt, nie nicht grüßt und nie nachts betrunken durchs Treppenhaus marodiert. Jetzt hängt es an uns, die allgemeine Lebensqualität im Haus konsequent zu nivellieren. Und, yo, wir schaffen das.

Das passt nicht zum Langen, dieses Lächeln

Das war pädagogisch eher bedenklich. Gebe ich unumwunden zu. Ich habe auch gleich die Hortbetreuerin angerufen und gesagt, bevor du es von den Kindern erfährst, ich gestehe alles. Denn damit die Kinder uns nicht zwingen, am Sonntag in aller Herrgottsfrühe nach Wien hineinzufahren, damit sie beim Marathon einen Kilometer im Pulk laufen und dann eine Medaille abgreifen können, haben wir mit ihnen einen Deal gemacht: Ihr verzichtet auf den Marathon, wir bleiben im Waldviertel, und ihr bekommt dafür diese Nintendo-Speicherkarte, wegen der ihr uns permanent auf den Sack geht. Mit 25 Spielen darauf. Die Kinder haben gesagt: okay. So macht man das als echter Pharisäer: Man predigt Kinder-Bewegung und drängt ihnen dann ersatzweise etwas auf, bei dem sie blöd herumsitzen und fett und deppert werden. Bekannte mit frischen Säuglingen erklären mir, dass ihr Kind garantiert nie einen Nintendo bekommt, aber erstens kann das Baby halt noch nicht widersprechen, und zweitens halte ich das, ja, sogar für möglich, aber nur weil es in sieben Jahren wesentlich geileres Computer-Verblödungszeugs geben und der Nintendo dann im Subotron-Shop als Antiquität verkauft werden wird. Das Ergebnis war, dass mich das eine Mimi am Samstag um zehn nach sechs geweckt hat, damit ich die Nintendos herausgebe. Ich musste ihm drohen, dass es das Ding bis Weihnachten nicht mehr zu sehen bekommt, wenn es das noch einmal macht, und so konnte ich am Sonntag bis sieben Uhr ausschlafen.

Aber bitte. Man muss das positiv sehen. Ich weiß im Moment gerade nicht wie, aber ich kann jetzt nicht plötzlich mit negativer Weltsicht kommen, wo ich den Langen eben erst dazu überredet habe, das Leben auch einmal ein bisschen positiver zu betrachten, es sei wahrlich nicht immer alles so geschissen, wie er es immer sehe!, man müsse nicht immer schimpfen!, man könne das auch anders betrachten, freundlicher! Worauf der Lange jetzt tatsächlich positiv denkt, und zwar auf eine so radikale Weise, dass ich mir heimlich wünsche, er möge wieder zu seinem alten Grumpyismus zurückfinden.

Der Lange findet jetzt alles total super. Und er lächelt nun manchmal, das macht mich extrem nervös. Das passt nicht zum Langen, dieses Lächeln. Ich bin es nicht gewohnt, die Zähne des Langen außerhalb der Essenszeiten zu Gesicht zu bekommen. Er schreibt jetzt von Orten, von denen er gewöhnlich Ich-wäre-eigentlich-lieber-tot-als-hier-SMSe schickt, Botschaften mit Inhalten wie: Es ist wunderbar hier. man muss nur auf die menschen zugehen, das ist das geheimnis. Und ja! Das finde ich wirklich! Ich glaube an Freundlichkeit und die Kraft ihrer Potenzierung! Aber wenn es vom Langen kommt, ist es irgendwie spooky. Andererseits glaube ich eh nicht, dass es anhält. Ich gebe ihm eine Woche, dann ist er wieder der Alte. Acht Tage, neun höchstens, dann schimpft er wieder ganz normal.

Es wird alles ganz von selber gut

Verzeihung, es geht gerade nicht. Ich muss den Kaffee aufwischen, den ich eben über meinen ganzen Kramuri geschüttet habe, zwei Kolumnen schreiben und dann mit den Mimis zum Zahnarzt und mich von ihm schief anschauen lassen, weil mit dem einen Zahn von dem einen Kind ist eindeutig etwas, und der Zahnarzt wird garantiert erkennen, dass das schon länger ist. Auch wenn die Mutter schwören wird, das sei erst vor ein paar Tagen passiert, was gelogen sein wird. Jaaaa! Meine Schuld! Ich weiß! Aber was soll ich denn noch alles schaffen?? Arbeiten, kochen, Laudatio halten, auflegen, arbeiten, Kinder antreiben, Salat pflanzen, Radieschen säen, Gästebetten beziehen, Kinderfahrräder ersteigern, Mitteilungshefte lesen, Termine ausmachen, gehässige Mails mit gelassener Gutmütigkeit beantworten, rauchen aufhören, die Hängematte flicken, aufräumen, gelassen sein, den Installateur anrufen, den Strom zahlen, Schiefer ziehen, Kind trösten, arbeiten, Steuern zahlen, eine gute Mutter sein, eine gute Lebensgefährtin sein, eine gute Freundin sein, nett sein, Kaffee aufwischen: Ja, ich schaff das eh alles!! Irgendwie!! Jetzt bis auf das mit dem Rauchen. Das mach ich dann nächstes Wochenende, unter dem traurigen, sorgenvollen Blick meiner Mutter, der hilft in manchen Situationen immer noch am besten.

Immerhin: Das mit der Laudatio war fein. Also, der zugehörige Anlass, weil mein Lebenswirt, der Herb Molin, das silberne Ehrenzeichen der Stadt Wien bekommen hat. Und mit was? Mit Recht. Viele Leute waren da und danach saßen die ganzen Nachteulen aus dem rhiz mit riesigen Sonnenbrillen am Maria-Treu-Platz, aßen Pizza und bekamen Sonnenbrand. Es war ein bisschen, wie wenn die Vampire in Rimini Urlaub machen. Nett war es.

Und der Lange? Ach, der Lange. Wie ich gesagt habe. Nein, nicht ganz. Er hat mit dem Positiv-Denken nicht wieder aufgehört, er hat es diversifiziert. Er denkt jetzt spartenspezifisch positiv. Also, einerseits schimpft er wieder ganz normal. Andererseits sitzt er auf der Gartenbank, schaut in die Wiese, sieht, wie hoch das Gras steht und sagt: Der Rasen sollte dringend gemäht werden. Aber er lässt sich von derlei banalen Widrigkeiten nicht mehr belasten, so weit hat er den Glauben an die Kraft des Optimismus schon verinnerlicht. Er denkt jetzt positiv, dass der Rasen, wenn man nur mit radikaler, Richard-Ford'scher-Gelassenheit daran glaubt, schon gemäht werden wird. Dass alles ganz von selber gut wird. Und das wird es auch, weil der Lange fährt jetzt erst einmal zehn Tage weg, und wenn er zurückkommt, wird vermutlich jemand den Rasen gemäht haben. Für den Erheiterungsprozess des Langen ist das natürlich gut, weil es gezeigt haben wird, dass das positive Denken zu konkreten, begrüßenswerten Resultaten führt. Für mich ist es schlecht, weil ich es getan haben werde. Aber ich mache das schon, jaja, ich schaff das irgendwie.

Offiziell liest sie Arno Geiger

Jetzt habe ich 60 Stunden nicht geraucht, drei komplette Aufwachphasen ohne die je drei Aufwachzigaretten überstanden; die Rauchentwöhnung ist also so gut wie vollbracht. Und es war, wie ich prophezeit hatte, kolossal hilfreich, sie unter mütterlicher Aufsicht durchzuführen, denn wenn meine Mutter sagt „Wie kann man nur?“, dann will man das, was man nur kann, zuverlässig lieber so schnell wie möglich nicht mehr können.

Was sich auch abseits des Nikotinentzugs wieder zeigte: Man glaubt nur, man habe bestimmte Alltags- und Kulturtechniken längst so weit perfektioniert, dass ein relativ unfallfreies und gesetzestreues Überleben in Stadt und Land möglich ist. In Wirklichkeit gibt es kaum eine Tätigkeit, die nicht massiv verbesserungswürdig wäre, kaum einen Handgriff, den man nicht sehr viel effizienter durchführen könnte. Dabei sind die meinen wirklich vorbildliche, offene, unübergriffige Eltern. Solange ihre Kinder glücklich sind, mischen sich diese Eltern nie in deren große Lebensentwürfe ein, selbst wenn die Weltanschauungsübereinstimmung ganz nahe an der Nullline herumhoppelt. Über die elementaren Ideologie-Differenzen können sie in gelassenster Großzügigkeit hinwegsehen. Über praktische Defizite nicht.

So wie letzte Woche der Lange auf der Gartenbank saß und dem Gras beim Wachsen zusah, sitzt jetzt meine Mutter auf der Gartenbank und sieht ihrer Tochter beim Rasenmähen zu. Also, sie sieht nicht zu, und zwar sehr aufdringlich nicht. Offiziell liest sie Arno Geiger. Inoffiziell beäugt sie mich, und zwar so lange, bis ich den Rasenmäher abstelle und sage: Was!!! Ich will dir nicht dreinreden!, sagt meine Mutter. Was, Mutter, sage ich, werde es los. Ich will mich wirklich nicht einmischen, sagt meine Mutter, aber tätest du dir nicht leichter, wenn du nicht über das schon gemähte Gras drübermähst? Und wenn du das Ding da an der Seite vom Rasenmäher abmontierst, da verstopft sich ja immer das Gras darin. Und sie hat natürlich Recht, und trotzdem oder gerade deshalb will ich die Hauswand hochgehen, weil egal, wie lange man brav bewiesen hat, dass man den Titel „erwachsen" mit Fug und Berechtigung trägt: Kaum sitzt die Mutter auf der Gartenbank, weiß man wieder, dass man es nicht tut: Man ist nur eine Betrügerin, man hat das Erwachsensein nur vorgetäuscht und jetzt wurde man erwischt. Und es erwischt einen nicht nur die Mutter, sondern auch das eigene Kind, das bei meiner moralischen Demontage etwas subtiler vorgeht, indem es seit Neuestem ansprechende, kleine Geschichten verfasst, an deren Ende immer zuverlässig die Mutter stirbt: entweder aus Gram über den Tod ihrer aufgrund mütterlicher Vernachlässigung tragisch verreckten Kinder und/oder weil sie zu viel Algahol getrunken und Tschigg geraucht hat. Ja, ich weiß, dass mir das zu denken geben sollte. Immerhin, ich rauche jetzt nicht mehr.

Sucht euch gefälligst einen anderen Gast

So wie es ausschaut, werde ich heute Abend etwas tun, das sowohl mit meiner Natur als auch mit meinen Prinzipien üblicherweise kein sehr harmonisches Verhältnis am Laufen hat und vermutlich auch künftig nicht haben wird: Ich werde im Rahmen einer Theaterproduktion auf einer Theaterbühne stehen. Natürlich habe ich die Hosen bis übern Bund voll und bereue schon seit Tagen bitterlich, dass ich mich dazu habe überreden lassen. Ach was, man musste mich nicht einmal überreden. Harald Posch von der Garage X sagte einfach nur: Schorsch Kamerun will dich. Und ich sagte: Bin schon da, wann, wo? Weil: Schorsch Kamerun. Von den Goldenen Zitronen, wers nicht weiß. Den habe ich ja sehr gern. Immer schon gehabt. Schätze ich außerordentlich, ist einer dieser richtig guten Männer, von denen es irgendwie nie genug gibt: gescheit, streitbar, kreativ, laut, mutig. Wobei ich insgeheim natürlich nicht ganz verstehe, wie sich so einer mit dem Theater einlassen kann, aber wenn es Kamerun tut, kann es wohl nicht ganz verreckt sein.

Und außerdem bin ich allmählich geneigt, Annas Wording zu folgen, dass meine Probleme mit dem Theater MEINE Probleme seien und nicht die des Theaters. Obwohl. Ganz überzeugt bin ich davon nicht, und soviel ich weiß, hat sich Anna in den letzten Wochen aus mehreren hochgelobten Aufführungen heimlich geschlichen und mir aus anderen, aus denen es sich nicht heimlich schleichen ließ, SMSe des Inhalts „Ich stähärbäääää!“ geschickt. Es ist also auch Annas Affäre mit dem Theater nicht mehr ganz so verschmust und frei von Friktionen wie einst. Was meinereiner einerseits einen hochbefriedigten Händerieb verschafft, mich andererseits aber trotzdem nicht daran hinderte, meine Partizipation an dieser

Kamerun-Produktion völlig gedankenlos zu versprechen. Fehler, Fehler, Fehler. Fehler! Denn es hieß, es gehe um die Teilnahme an einer Jury und Popkultur und vergebliche Versuche, und das kann ich alles so einigermaßen. Allerdings ging es in der ersten Besprechung auch darum, ob ich dabei ein Kostüm tragen würdemüssesolle, und da stieß ich gleich brutal an die Grenzen meiner Aufgeschlossenheit gegenüber der Vergeblichkeit. Mich kann man ja schon mit den verhaltensten Andeutungen völlig harmloser Dress Codes von Feierlichkeiten fernhalten: Ich soll mich verkleiden? Sorry, geht GAR nicht, sucht euch gefälligst einen anderen Gast. Vielleicht hat man mich als Kind einmal zu oft in ein Clownkostüm gesteckt, ich weiß auch nicht. Die Chancen, dass ich heute auf der Bühne der Garage X einen pipifeinen Nervenzusammenbruch erleide, stehen also nicht schlecht. Wenn Sie auf derlei gut verzichten können, schauen Sie sich Kameruns Stück lieber morgen oder übermorgen an. Da bin ich schon in der Geschlossenen.

Aha, das macht das Theater also

Nein. Man musste mich dann doch nicht einweisen. Aber Schorsch Kamerun machte hinterher ziemlich genau das Gesicht, das ich an mir erwartet hatte, während ich ziemlich belämmert durch die Erleichterung taumelte, dass diese Theatersache einfach nur vorbei war. Ich hatte mich in meiner Richter-Robe, die in Wirklichkeit ein College-Abgänger-Kostüm war, zu albern gefühlt, um dazu auch noch den Mund aufzumachen. Folglich saß ich einfach nur 50 Minuten lang als blöde grinsendes Requisit auf der Bühne der Garage X, plapperte nur einmal etwas Entbehrliches und schenkte dazu ein Getränk namens „Yppe" aus: Das hatte Schorsch Kamerun eigenhändig und zu gleichen Teilen aus Wodka, Eierlikör und Gin gemixt und ich täte davon, obwohl ich ich bin, im Leben keinen Schluck machen. (Geistesgestört: ja, suizidal: nein.) Derlei Mädchen-Skrupel kannte Kapitän Neidhart nicht, was man seiner Rede aber keineswegs anmerkte, allerdings war es praktisch, dass auf der anderen Seite seines Stehtisches eine Richterin/Collegeabsolventin diesen entschlossen vor dem Bühnenabrutsch bewahrte. Frau Gustav war als Kuratorin kostümiert, der Lange trug ein ziemlich beschmutztes Bischofskostüm, es gab auch noch einen Polizisten. Kamerun sang mit Schauspielstudierenden, das war sehr poetisch. Hinterher wurde ich ein entschiedener Fan von Erobique, eine dieser Figuren, die man nicht erklären kann, weil man sie gesehen haben muss. Denn die Erklärung, dass der Herr Erobique ein bauchiger, mitteljunger Mann mit Schnauzer ist, der ein reizendes, technoides Alleinunterhalter-Elektropiano spielt und dazu stegreifgedichtete Lieder zum Vortrag bringt, kann den Zauber und den Charme dieses Herrn nicht erfassen. Es ist mit Erobique so ähnlich wie mit dem Austrofred. Den glaubt man auch nicht, bevor man ihn gesehen hat.

Dennoch, es war so, wie Schorsch Kamerun, nachdem sich seine Miene entknittert hatte, sagte: Es gibt Sachen, die muss man einfach machen, auch wenn man eigentlich nicht an sie glaubt, oder sich dabei unwohl fühlt, oder sie überhaupt gar nicht kann. Und zwar der Gelegenheit wegen, sie in einzigartiger Gesellschaft zu tun, mit Menschen, die eben nur genau in diesem Moment an diesem Ort sind. Dabei mit Karacho scheitern? Gerne, jederzeit, aber das gehört eben zu den Dingen, bei denen man nur den einen Fehler machen kann, sie aus Feig- oder Borniertheit nicht zu tun. Denn am Ende bereut man doch nur das, was man sich aus lauter Schiss versagt hat. Mist gebaut, Fehler gemacht, deppert gewesen? Ja, gerne. Leben halt.

Und außerdem war ich am andern Tag so überfeinfühlig: Alles berührte mich ganz extra dramatisch, ich fühlte Sachen, die ich so nie fühle, spürte ganz genau, was andere spüren und ich dachte: aha. Das macht es also mit einem, das Theater. So. Am übernächsten Tag merkte ich dann aber, es war nur PMS gewesen. Den Kamerun-Abend will ich dennoch niemals missen.

Schaut deppert aus, funktioniert aber sehr gut

Steckerlbrotgrillen klingt zum Beispiel wesentlich romantischer als es ist. Man stellt es sich so vor, dass glückliche Kinder um ein Feuer sitzen und geduldig ihre Steckerl über die Glut halten, auf die sie vorher einen Batzen Brotteig gedreht haben. Aber erstens muss den Brotteig vorher jemand machen. Und ihn zweitens auf's Steckerl picken, weil er sonst garantiert ins Feuer fällt, mit dem ganzen vertraglich fixierten Heul- und Schniefprogramm. Drittens halten Kinder ihr Steckerl nie über die Glut, sondern, logo, immer direkt ins Feuer, geht ja schneller, folglich schwarzer Bröselbrocken, folglich heul und schnief. Viertens wird es ihnen nach zwei Minuten fad und sie übergeben die Stecken an ihre Eltern, die sie dann eine halbe Stunde blöd über die Glut halten müssen und keine Hand mehr für ihr Weinglas freihaben. Während, fünftens, die Kinder andere Stöcke ins Feuer halten und dann damit herumfuchteln oder gleich aufeinander losgehen. Sechstens enthält jede Kindergruppe zuverlässig einen Pyromanen, den man eisern im Auge behalten muss, weil man sonst nachher kein Haus oder keinen Stadel mehr hat. Siebtens essen sie es dann eh nicht. Steckerlbrotgrillen ist in Wirklichkeit eine reine Elternquälerei.

Überhaupt Grillen. Grillen ist etwas für Anfänger und Gäste. Grillen ist ein Riesenstress. Grillen macht einen fix und fertig. Grillen geht nur, wenn man ein Fass mariniertes Fleisch hinstellt, eine Palette Würstel aller Art, einen Meter Brot, eine Riesenschüssel Erdäpfelsalat und dann darauf zeigt: Selber grillen, bitte sehr. So geht es, sonst ist es nix wie eine elende Herumrennerei inkl. Selbstselchung.

Was auch zu beweisen war und nun bewiesen wurde: Ich bin keine große Gärtnerin. Ich bin überhaupt keine Gärtnerin.

Ich bin für ein Leben auf Knien nicht geschaffen. Jäten ... nein, Gott, bitte nicht, was auch diese Saison wieder dazu geführt hat, dass ich meine Zucchini-Setzlinge schon im Mai vor lauter Dschungel nicht mehr finden konnte. Aber wenn es gute Setzlinge sind, was ich, angesichts des Vermögens, das ich dafür bezahlt habe, hoffe, werden sie sich gegen das Unkraut schon durchsetzen. Immerhin, die Tomaten sind unkrautfrei, da ich eine Idee der hiesigen Gartenexpertin aufgegriffen habe und meine Tomaten zwar nicht in 10-Euro-Hänge-Töpfen gepflanzt habe, aber in 1-Euro-Asiataschen (allgemein Türkenkoffer genannt), in die ich am unteren Rand Löcher geschnitten und Tomatensetzlinge gesteckt habe. Oben Erde in die Tasche und an den Henkeln an die Hauswand hängen. Schaut deppert aus, funktioniert aber bisher sehr gut und ist als Krisen-Gärtnerei-Methode auch für Menschen ohne Balkon geeignet: Der Horwath und ich stellen uns schon hunderte von Hängegärtnereien an Leinen zwischen den Häusern vor, so, wie die Italiener ihre Wäsche aufhängen. Womit diese Kolumne endlich einmal brauchbare Lebensberatung enthält; bitte, gerne.

Das kann man natürlich gar nicht vergleichen

Kaum sage ich *grillen*, habe ich auch schon eine Spießerdebatte am Hals. Ja, danke, war ja schon viel zu lang nicht mehr. Weil nämlich bloß Spießer grillen. Sagt, Trommelwirbel, Trommelwirbel, Trommelwirbel: Sedlacek, eh klar. Grillen sei, sagt – nein, schreibt – Sedlacek, ein absolutes No-no und nur etwas für Spießer. Was insofern betörend ist, als Sedlacek sich jetzt die meiste Zeit in Berlin aufhält, wo er abends zur Nahrungsaufnahme gerne in einem Lokal vorstellig wird, das auf den schönen Namen *Grill Royal* hört und in Berlin, wie ich von meinen Berliner Kumpels hörte, der ganz heiße Scheiß sein soll. Beziehungsweise, wie ich jetzt von ihnen höre: eh nur mehr der zweitheißeste Scheiß, in Berlin kühlt Scheiße ja relativ zügig ab.

Ich bin wieder öfter in Kontakt mit Sedlacek, beziehungsweise ich weiß jetzt wieder detaillierter, was Sedlacek so macht, denn seit Sedlacek mehr in Berlin ist, ist er auch viel auf Facebook, um seine Wiener Community nicht im Unklaren zu lassen über nächtliche Ausflüge, Begegnungen, Besuche in Grill-Restaurants und dergleichen. Und, wenn es die Situation erfordert, seinen Ansichten zur Spießerei im Allgemeinen und im Speziellen. So sei es, lamentiert Sedlacek auf meinen Grill-Royal-Hinweis hinauf, natürlich etwas anderes, wenn man von einem hervorragenden Koch begrillt werde. Ja, eh! Habe ich vergessen! Das kann man gar nicht vergleichen.

Auch Pia in Paris hat Sorgen. Ihre Balkon-Paradeiser wachsen nicht so recht, weshalb sie (und noch ein paar Leserinnen und Leser) meine Idee mit den Taschentomaten genauer erläutert haben und wissen wollte, was das bitte sei, ein Flüchtlingskoffer. Und ich versuchte es ihr zu erklären, ohne dabei mit rassistoiden Termini operieren zu müssen, was sich als tüchtig schwierig erwies. Habe ich der Pia ein Foto geschickt: Bitte, so schaut das aus. Hat die Pia gesagt, sehr schön, aber in Paris kann sie das leider nicht machen, da kommt die Stilpolizei, verhaftet sie und schiebt sie umstandslos ab. Hier in Wien und im Waldviertel wird einem nur der Vogel gezeigt, aber das sehen wir in all dem Grill-Rauch eh nicht.

Damit kann ich sehr gut leben

Ich glaube, es ist nicht meine Aufgabe im Leben, bei Kindern beliebt zu sein. Kinder, außer jetzt meine eigenen, lassen sich, wenn kein anderer da ist, von mir Brote be- und sich mit Sonnencreme einschmieren. Aber grundsätzlich misstrauen sie mir eher, und als ich die Kroatien-WG beim Abendessen darüber informiere, dass ich jedem, der noch einmal in mein Boot schifft, einen Knoten in den Schniedel mache, kann man den männlichen Kindern ansehen, dass sie sich überlegen, ob mir das wirklich zuzutrauen ist, und das Resultat ist ganz offensichtlich kein eindeutiges Nein. Gut. Ich kann saugut damit leben, dass Kinder, jetzt außer meinen eigenen, eine gewisse Distanz zu mir einhalten, speziell im Urlaub.

Ansonsten war dieser Kroatien-Urlaub wie der letzte Kroatien-Urlaub, minus die Kochkrisen, früher immer dadurch entstanden, dass einer ehrgeizig gekocht hat und ein anderer rücksichtslos querkochte, das geht natürlich nicht gut. Querkochen ist wie Quererziehen eines der großen No-nos in gemeinsamen Urlauben, so viel haben wir in den letzten Jahren gelernt. Es war also wie letztes und vorletztes Jahr, nur harmonischer. Man kann einfach die Urlaubsbilder vom letzten Jahr nehmen, alles exakt gleich, nur die Kinder fünf bis zehn Zentimeter größer und mehr davon: Heuer saßen bei den Abendessen nie weniger als 13 Leute am Tisch, manchmal 16, wenn die Ratzingers (no relation), die zwei Häuser weiter wohnten, bei uns gegessen haben, mit dem drei Monate alten Baby, das recht ausdauernd brüllen kann. Und, ach ja, Säuglinge kann ich: Die Griffe und das Säuglingsberuhigungsmantra habe ich noch immer drauf, das ist wie Radfahren, verlernt man nicht.

Aber das Baby von den Ratzingers habe auch ich nicht kusch gekriegt, das Baby von den Ratzingers hat die eigene Mutter kaum kusch gekriegt, was auf die anderen Gäste im Fischrestaurant keinen durchwegs positiven Effekt hatte. Und ich muss sagen, dass mich das auch ein Alzerl nervös gemacht hat, obwohl ich den Ratzingers gesagt habe, dass man die Schreiphase erhobenen Hauptes und mit viel Selbstbewusstsein, ja einer gewissen Arroganz durchstehen müsse, denn man päppelt hier aufopfernd einen Steuerzahler, Pensionssystemerhalter und künftigen Touristen groß, von dem der Wirt, die Region und damit praktisch alle Gäste dieses Restaurants irgendwie profitieren, und zwar auch der Gast, der sich dann tatsächlich die Ohren zuhielt.

Was der Ratzinger, vom Geschrei seinen Babys etwas aufgewühlt, dann allerdings tatsächlich so beleidigend fand, dass er dem eine runterhauen wollte, aber das Baby schlief eben noch rechtzeitig ein. Kann aber sein, dass das Baby auch etwas aufgewühlt war, weil ich es ein Viertelstündchen gehutscht hatte, das lasse ich nächstes Mal lieber. Ich glaube, das Leben hat anderes für mich vorgesehen als Kinder glücklich zu machen. Jetzt außer meine eigenen natürlich.

Doris Knecht

Geboren in Vorarlberg, ist Kolumnistin des *Kurier*. Die Texte dieses Bandes erschienen zuerst im *Falter,* für den sie eine wöchentliche Kolumne schreibt. Sie lebt mit ihrer Familie in Wien und im Waldviertel.

www.dorisknecht.com